高等职业教育汽车类专业系列教材
高等职业教育专业核心课程新形态教材·汽车类

汽车维护与保养

QICHE WEIHU YU BAOYANG

主　编　刘春科
副主编　王　朴　牟　轩　刘泽宇

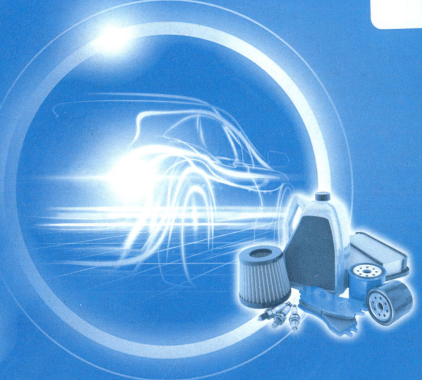

西安交通大学出版社　国家一级出版社
XI'AN JIAOTONG UNIVERSITY PRESS　全国百佳图书出版单位

图书在版编目(CIP)数据

汽车维护与保养 / 刘春科主编. —西安：西安交通大学出版社,2022.7
ISBN 978-7-5693-2072-5

Ⅰ.①汽… Ⅱ.①刘… Ⅲ.①汽车-车辆修理②汽车-车辆保养 Ⅳ.①U472

中国版本图书馆 CIP 数据核字(2022)第 059025 号

书　　名	汽车维护与保养
主　　编	刘春科
副 主 编	王　朴　牟　轩　刘泽宇
策划编辑	杨　璠　李　佳
责任编辑	杨　璠　王　帆
责任校对	魏　萍
出版发行	西安交通大学出版社 (西安市兴庆南路1号　邮政编码710048)
网　　址	http://www.xjtupress.com
电　　话	(029)82668357　82667874(市场营销中心) (029)82668315(总编办)
传　　真	(029)82668280
印　　刷	西安五星印刷有限公司
开　　本	787 mm×1092 mm　1/16　印张 8　字数 188千字
版次印次	2022年7月第1版　2022年7月第1次印刷
书　　号	ISBN 978-7-5693-2072-5
定　　价	38.00元

如发现印装质量问题，请与本社市场营销中心联系调换。
订购热线:(029)82665248　(029)82667874
投稿热线:(029)82668502
读者信箱:phoe@qq.com

版权所有　侵权必究

前言

目前我国汽车产销位居世界第一位，已成为社会主义市场经济的重要组成部分，对我国综合国力的提升有重要的影响。现在的汽车产品具有技术含量高、工作可靠性强、故障率低、大修间隔里程长等特点，汽车售后技术服务逐渐向常规维护和新兴免拆维护方向发展，"以养代修"的理念也逐渐被广大车主认同。因此，汽车售后市场需要大量熟练掌握汽车维护与保养的技能人才。

本书结合我国汽车行业维护理念，详细讲述了汽车定期维护和非定期维护的作业项目、操作要领、技术要求和注意事项等内容。在此过程中阐述汽车维护与保养过程中工具、设备的使用，有助于学生在实操过程中熟练使用工具。

本书根据不同的维护保养内容，分成六个大的项目，每个项目又分成若干个具体任务，每个任务里都包含任务目标、能力要求、任务内容。这样，教师和学生都会很容易地了解每个任务的具体内容和安排，为教师教学和学生学习提供了极大的方便。

本书由宁波城市职业技术学院刘春科任主编，北京奔驰汽车有限公司王朴、山东工业技师学院牟轩、临沂技术学院刘泽宇任副主编。其中项目一到项目五的前八个任务由刘春科编写，项目五的任务九到任务十三由王朴编写，项目六的任务一到任务五由牟轩编写，项目六的任务六到任务九由刘泽宇编写。同时，本书参阅了许多国内外文献，对其作者在此一并表示感谢！

由于编者水平所限，书中难免会有疏漏之处，恳请各位专家和广大读者给予指正！

编　者

目录

项目一 新车交付检验 1

    任务一   新车到店验证与恢复 1

    任务二   新车交付客户车辆功能检查 7

    任务三   新车的维护与保养 12

项目二 汽车维护与保养制度 17

    任务一   汽车维护的定义、目的与意义 17

    任务二   汽车日常维护 19

    任务三   汽车一级维护 21

    任务四   汽车二级维护 24

项目三 汽车维护保养常用设备 31

    任务一   汽车维护与保养常用工具的使用 31

    任务二   汽车举升机的使用 39

项目四 汽车车身及电器设备保养与维护 44

    任务一   车辆外部灯光的检查 44

    任务二   车辆内部用电器检查 58

    任务三   车身检查 63

项目五 汽车发动机舱内的保养与维护 66

    任务一   车辆防护、发动机室检查 66

  任务二 前风窗玻璃排水孔检查 …… 68

  任务三 蓄电池检查 …… 69

  任务四 发动机舱内液体检查 …… 71

  任务五 空气滤清器的检查与更换 …… 75

  任务六 发动机传动带检查 …… 76

  任务七 机油、机油滤清器更换 …… 78

  任务八 发动机正时带检查与更换 …… 80

  任务九 冷却液更换及冷却系统重要部件检查 …… 82

  任务十 燃油滤清器更换与供油压力检测 …… 84

  任务十一 节气门体清洗及匹配 …… 86

  任务十二 变速器油液检查与更换 …… 87

  任务十三 液压助力液检查与更换 …… 90

项目六 汽车底盘保养与维护 …… 93

  任务一 行车制动器、驻车制动器检查 …… 93

  任务二 制动管路检查、制动液更换 …… 99

  任务三 传动系统检查 …… 102

  任务四 转向系统检查 …… 106

  任务五 前、后悬架检查 …… 110

  任务六 轮毂轴承、轮胎检查 …… 114

  任务七 车辆底部螺栓与螺母紧固 …… 115

  任务八 备用轮胎检查、车轮轮胎换位 …… 116

  任务九 排气管和安装件检查 …… 119

参考文献 …… 122

项目一 新车交付检验

▶ 任务一 新车到店验证与恢复

一、任务目标

(1) 能通过车辆《维修手册》《保养手册》《驾驶员手册》《新车说明书》等资料获取车辆的主要基本信息。

(2) 能帮助客户正确识别车辆铭牌、车辆识别代号、帮助客户了解车辆主要尺寸参数和性能参数。

(3) 掌握车辆的验证方法。

(4) 能恢复新车正常工作状态。

二、能力要求

(1) 能识别车辆铭牌。

(2) 能对即将交付客户的新车正确验证其状态,恢复车辆的正常状态,确保车辆处于最佳状态。

(3) 能正确填写交车验单。

三、任务内容

新车交车检验的意义是在新车交付用户之前实施交车前的检验,以保证车辆处于最佳状态,用户在提车后即可使用该车。

1. 车辆铭牌的识别

车辆铭牌是标明车辆基本特征的标牌。其主要内容包括车型型号、发动机排量、发动机功率、车辆识别代号、总质量、载重量或载客人数、出厂编号、制造年月、制造国及厂名等。车辆必须装置产品铭牌,其位置一般置于车辆前部易于观察的地方,客车铭牌置于车内前乘客门的上方,如图 1-1-1 所示。

图 1-1-1　某款汽车铭牌

车辆识别代号(Vehicle Identification Number,VIN)是为识别车辆而制定的一组由字码组成的代号,这个代号是由制造厂按照一定的规则,根据本厂的实际情况而制定的。

制定车辆识别代号的基本目的是识别每一辆车,它被用于统计和计算机检索等应用中。车辆识别代号具有对车辆的唯一识别性,因此又有人将其称为"汽车身份证"。车辆识别代号中含有车辆的制造厂家、生产年代、车型、车身形势、发动机及其他装备的信息。车辆识别代号与汽车产品型号有着不同的基本目的和用途,它不会取代汽车产品型号,也不能取代汽车产品型号。

1) 车辆识别代号的组成

VIN 是正确识别汽车必不可少的信息参数,它由 17 位数字和字母组合而成,故被称为"汽车 17 位编码"。通过 VIN 码,人们可以识别汽车的产地、制造商、种类形式、品牌、系列、装载质量、轴距、驱动方式、生产日期、出厂日期、车身及驾驶室的种类、结构、形式、发动机的种类、型号及排量,变速器的种类、型号,以及汽车生产出厂顺序号码等。VIN 一般由 4 部分组成。

(1) 世界制造厂识别代号(WMI)。由前 3 位字码组成,是为识别世界上每一个制造厂而指定给该制造厂的一个代号。其中第 1 位和第 2 位字码组成的双字码块,由国际标准化组织(ISO)的国际代理机构——美国汽车工程学会(SAE)预先分配给世界各地区和国家,如日本为 JA~JZ 及 J0~J9;美国为 1A~1Z 及 10~19,4A~4Z 及 40~49,5A~5Z 及 50~59;中国为 LA~LZ 及 L0~L9。而第 2 位、第 3 位字码组成的双字码块,则由 SAE 授权的国家机构制定给制造厂家。

第 1 位字码是标明一个地理区域的字母或数字;第 2 位字码是标明一个特定地区内的一个国家的字母或数字;第 3 位字码是标明某个特定的制造厂的字母或数字。第 1、2、3 位字码的组合能保证制造厂识别标志的唯一性。对于年产量大于 500 辆的制造厂,世界制造厂识别代号由 3 位字码组成;对于年产量小于 500 辆的制造厂,世界制造厂识别代号的第 3 位字码为数字 9。此时,车辆指示部分的第 3、4、5 位字码将与第一部分的 3 位字码一起作为世界制造厂识别代号。

(2)车辆说明部分(VDS)。由第4~8位5个字码组成,用以说明和反映车辆的一般特征,如品牌、种类、系列、车身类型、底盘类型、发动机类型、约束系统、制动系统和额定总质量等。这5个字码是由各企业自行规定的,但是不允许空位或缺位,如果制造厂不用其中的一位或几位字码位置,则应在该位置填入制造厂选定的字母或数字占位。

(3)检验位。VIN的第9位中应填入一个用来表示VIN书写准确性的"检验数字"(一个数字或一个字母X)。美国车辆制造厂的VIN在第9位都有检验位,这是美国联邦法规规定的。与身份证号码的校验位一样,校验位的目的是校验VIN编码的正确性,通过它就可以核定整个VIN正确与否。它是其他16位字码对应数值乘以其所占位置权数的和除以11所得的余数,当余数为0~9时,余数就是检验数字;当余数是10时,使用字母"X"作为检验数字。

(4)车辆指示部分(VIS)。由第10~17位8个字码组成,表示车辆个性特征。

每辆车都必须具有车辆识别代码,并标记在车辆上。此外,车辆在销售时,随车文件中要对车辆识别代号的标注位置和方式加以说明(非完整车辆还应对车辆识别代号内容进行解释),以便使用者发现、了解和利用它。

对于车辆识别代号的标志方式等要求,在《车辆识别代号(VIN)管理规则》和(GB 7258—2004/XG 3—2008)《机动车运行安全技术条件》中都有规定,但又不尽相同,故应综合考虑,同时满足二者的要求。

2)车辆识别代号的标志方式

车辆识别代号有两种标记方式:一种是标记在车辆主要部件上;另一种是将标记永久性地固定在车辆主要部件的一块标牌上。两者择其一或均采用亦可。通常,可将其打印在车架上,不仅能满足上述要求,还能满足《机动车运行安全技术条件》的要求,也可省略打印整车型号和出厂编号。

车辆识别代号的标记位置位于车辆的前半部分,易于看到且能防止磨损。《车辆识别代号(VIN)管理规则》中对车辆识别代号的位置规定得更为具体,即9座或9座以下的车辆和最大总质量不大于3.5 t的载货汽车的车辆识别代号,应位于仪表板上,在白天日光照射下,观察者不需移动任意部件,即可从车外分辨出车辆识别代号。一般情况如下。

(1)除挂车和摩托车外,标牌应固定在门铰链柱、门锁柱或与门锁柱结合的门边之一的柱子上,接近于驾驶员座位的地方。如果没有这样的地方可利用,则应固定在仪表板的左侧。如果那里也不能利用,则应固定在车门内侧靠近驾驶员座位的地方。

(2)标牌的位置应当是除了外面的车门外,不移动车辆的任何零件就可以容易读出的地方。

(3)我国轿车的VIN码大多可以在仪表板左侧、风窗玻璃下面找到,如图1-1-2所示。

图 1-1-2　常见 VIN 码位置

3) 车辆识别代号的应用

车辆识别代号的具体应用如下:

(1) 车辆管理:登记注册、信息化管理。

(2) 车辆检测:年检和排放检测。

(3) 车辆防盗:识别车辆和零、部件,盗抢数据库。

(4) 车辆维修:诊断、计算机匹配、配件订购、客户关系管理。

(5) 二手车交易:查询车辆历史信息。

(6) 汽车召回:年代、车型、批次和数量。

(7) 车辆保险:保险登记、理赔,浮动费率的信息查询。

2. 新车车辆状态的验证

1) 验证新车车辆状态的意义

车辆在由制造厂发往经销商的运输过程中可能出现损伤,因此,在车辆到达经销商处时,对车辆的状态进行检验,并检点随车资料及物品,以保证车辆状态正常、资料物品齐全。

2) 新车车辆状态验证的项目与要求

(1) 运输状况的验证。

厂家将新车运至经销商后,首先由销售助理验证车辆运输状况,经验收人员验收后,再编写入库编码,将车辆运输状况及入库编码记录在车辆入库检验单上。车辆运输状况主要包括发车地点、运输车号、司机姓名、司机联系电话、装运车辆数量、运输公司等。

(2) 车辆明细资料的查对及随车物品的检点。

车辆明细资料的查对及随车物品的检点有验收人员负责完成。车辆明细资料主要包括车辆品牌、车型、规格、颜色、发动机号码、车架号等信息。随车物品包括车辆手续资料和随车工具。车辆手续资料包括货物进口证明书(进口车)、进口车辆随车检验单(进口车)、车辆安全性能检验证书、拓印(车辆铭牌、发动机号、车架号等的拓印)、运单、新车点检单等。随车工具一般包括车主手册、保修手册、备胎、钥匙、工具包、点烟器等。

验收人员对以上项目进行仔细查对与检点,确定有无、是否正确,并在新车入库检验单中标记,对发现的问题进行记录,并提出处理意见。

3. 恢复新车正常的工作状态

1)恢复新车正常工作状态的意义

为了防止车辆在运输中出现问题,汽车在离开厂家前会将运输中容易损坏的汽车零部件另行包装,还会对一些需要保护的部位加装保护装置等。因此,在进行PDS时,车辆必须恢复正常的工作状态,发挥汽车的正常功能,避免用户在使用中出现意外事故。

2)恢复新车正常工作状态的主要工作内容

(1)安装熔丝及短路销。

(2)安装汽车厂提供的零部件。

(3)从制动器盘上拆下防锈罩。

(4)安装橡胶车身塞。

(5)取下前弹簧隔圈。

(6)取下紧急拖车环。

(7)调整轮胎空气压力。

(8)除去不必要的标志、标签、贴纸及保护盖等。

(9)取掉车身防护膜。

4. 项目实施

1)项目实施环境

(1)各种车型的新汽车。

(2)常用手动工具、检测仪器、举升机。

2)项目实施步骤

(1)车辆铭牌的核对。在车辆上找到其车辆铭牌并进行核对,内容包括核对铭牌上的排气量、出厂年月、车架号、发动机号等。合格证上的号码必须要与车上的发动机号、车架号一致。

(2)车辆状态的验证。

(3)运输状况的验证。

(4)车辆明细资料的查对及随车物品的检点。

3)恢复新车正常工作状态的操作步骤及要求

第一步:安装熔丝及短路销。

为了防止在运输中有电流通过,厂家已将顶灯熔丝、收音机熔丝或短路销拆下放在继电器盒内,因此,应首先将顶灯熔丝、收音机熔丝或短路销安装到相应位置。

第二步:安装汽车厂提供的零部件。

厂家会对外后视镜等汽车外部凸出部分的零部件单独包装,以防运输途中损坏。安装零部件一般包括以下内容。

(1)安装外后视镜。

(2)安装备用轮胎的固定架托座。

(3)安装气管。

(4)安装前阻扰流板盖。

(5)安装轮帽和盖。

第三步:从制动器盘上拆下防锈罩。

取下装在盘式制动器上的防锈罩。注意,取下时一定要用手进行,切忌使用螺钉旋具或其他工具,以防损坏车轮或制动盘。

如果制动器上装有防尘罩,一般在前窗上贴有警告标志。

(1)拆卸防锈罩。

(2)取下警告标志。

第四步:安装橡胶车身塞。

将橡胶车身塞装在车身上相应部件的孔上。注意,橡胶车身塞一般在杂物箱中。

第五步:取下前弹簧隔圈。

用千斤顶或举升机将车辆吊起,从前悬架上取下前弹簧隔圈。注意,没有装前弹簧隔圈的车辆无须进行此项工作。

第六步:取下紧急拖车环。

从保险杠上取下紧急拖车环,然后在紧急拖车环的孔上加盖。注意,紧急拖车环孔盖在杂物箱中,取下的紧急拖车环应放在工具包中。没有装紧急拖车环的车辆不进行此项工作。

(1)取下紧急拖车环。

(2)安装紧急拖车环孔盖。

(3)将取下的紧急拖车环放入工具包。

第七步:调整轮胎空气压力。

调整轮胎(包括备胎)的空气压力至正常值。注意,出厂时轮胎气压值通常高一些,以防运输中轮胎变形,因此交用户前一般要调低至正常值。

第八步:除去不必要的标志、标签、贴纸及保护盖等。

交用户前取下相应保护盖,除去标签、标志、贴纸等。注意,勿用刀等尖锐物体拆除保护盖,以免损坏装饰条及座椅。

(1)除去标签。

(2)取下保护盖。

第九步:取掉车身防护膜。

先冲洗汽车,除去运输过程中积下的沙石、尘土;再剥离车身上的保护膜;最后检查车身油漆表面是否有黏性残留物或凸出物。

(1)剥离保护膜。

(2)检查车身面板。

任务二　新车交付客户车辆功能检查

一、任务目标

(1)掌握随车资料的检查内容。

(2)能够对交付用户前的车辆进行功能检验。

(3)能通过查阅相关维修技术资料等方式获取车辆安全配置信息。

二、能力要求

(1)能通过与客户交流、查阅相关维修技术资料等方式获取车辆信息。

(2)能对即将交付客户的新车检验车辆的功能,确保车辆处于最佳状态。

(3)能与客户主动交流沟通,具有较强的语言交流与沟通能力。

三、任务内容

为了使即将交付给顾客的新车状况及性能良好,保证各部件和机械运转正常并使顾客满意,应认真、细致地验收将要交付的新车,及早发现隐藏的质量缺陷,避免日后返修带来的麻烦。

1. 随车资料的检查

(1)购车发票:购车发票是购车时最重要的证明,同时也是汽车上户时的凭证之一,所以在购车时务必向经销商索要购车发票,并要确认其有效性。

(2)车辆合格证:合格证是汽车另一个重要的凭证,也是汽车上户时必备的证件。只有具有合格证的汽车才符合国家对机动车装备质量及有关标准的要求。

(3)三包服务卡:根据有关规定,汽车在一定时间和行驶里程内,若因制造质量问题导致故障或损坏,凭三包服务卡可以享受厂家的无偿服务。不过像灯泡、橡胶零件等汽车易损件不包括在内。

(4)车辆使用说明书:用户必须按照车辆使用说明书的要求合理使用车辆。若不按使用说明书的要求使用而造成车辆损害,厂家不负责三包。使用说明书同时注明了车辆的主要技术参数和维护调校所必需的技术数据,是修车时的参照文本。

(5)其他文件或附件:有些车辆发动机有单独的使用说明书,有些车辆的某些选装设备有专门的要求或规定,这时消费者要向经销商索要有关凭证。

(6)铭牌:核对铭牌上的排气量、出厂年月、车架号、发动机号等内容,合格证上的号码必须要与车上的发动机号、车架号一致。

对于上述各项单据、凭证、资料,必须认真检查,如果发现有任何的遗漏、错误,都必须要求销售商立刻解决,否则将影响客户上户及日后的保修等内容。

2.启动前的车外检查

(1)车身平整度:检查车身钢板、保险杠的平整度,不应该出现不正常的凹陷、凸起。车体防擦条及装饰线应平直,过渡圆滑,接口处缝隙宽度一致。

(2)车身漆面:仔细查看各处漆面,尤其是一些容易在运输过程中被剐蹭的部位。车表面颜色应该协调、均匀、饱满、平整和光滑,无针孔、麻点、皱皮、鼓泡、留痕和划痕等现象,异色边界应分色清晰,同时还应该确认没有经过补漆。

(3)车窗玻璃:检查玻璃有无损伤和划痕,重点检查前风窗玻璃的视觉效果。前风窗玻璃必须具有良好的透光性,不能出现气泡、折射率异常的区域。

(4)车身装配:检查发动机盖、后备厢盖、车门、油箱盖、前照灯、尾灯等处的缝隙是否均匀,邻近位置的车身是否处于同一平面,有无错位等现象。检查各处开启、关闭时是否顺畅,声音是否正常,可以适当多开、关几次。此时,一并检查各处密封条是否完好、均匀、平整,各门把手或开关是否方便、可靠。

(5)轮胎部分:检查备胎与其他四个轮胎的规格和花纹等是否相同。查看轮胎是否完好,有无磨损、裂痕、起泡现象。查看轮毂是否干净、完美,没有凹陷、划痕。还应该询问或者实测胎压,保证轮胎处于正常胎压且四轮气压一致。轮胎气压符合要求时,在车前观看车身、保险杠等,对称部位离地高度应一致。此时,还应该从侧面推、拉轮胎上侧,感觉是否松旷。如果使用盘式制动器,还应检查制动盘是否完好,其上不应有明显磨损和污物。

(6)后备厢:检查后备厢是否干净、内侧衬板是否平整。如果具备遥控开启功能,应该再检查一下开启是否顺利和上锁后是否可靠。一般会把灭火器、随车工具、备胎放在后备厢内,通常有衬板进行隔离,应该注意检查,看看是否齐全、固定是否可靠。在后备厢内安装多碟CD换碟机的还应该检查换碟机,最好放上几张光盘,以便测试音响效果。

(7)发动机室:打开发动机盖,查看发动机及附件有无油污、灰尘,尤其是缸盖与缸体结合处、机油滤清器接口处、空调压缩机、转向助力泵、传动轴等接合缝隙处有无渗漏。检查各种液面(冷却液、发动机机油、制动液、转向助力液、电解液、制冷剂、玻璃水等)是否处于最高和最低刻度之间的正常值范围内。检查蓄电池线是否已经进行可靠固定,不能松动,否则将影响电路的可靠性。

（8）底盘部分：检查汽车有无（冷却液、润滑液、制动液、电解液及制动液、油路）泄漏现象。此时，一并检查机器各部位是否有漏油现象。如果发生泄漏，从车辆长时间停放的地面上、地盘上的一些管路和凸起处可以看到渗漏、油渍的痕迹。如果条件允许，还应检查底盘是否有刮碰伤痕，管路是否有明显不合理的地方。

3. 启动前的车内检查

（1）洁净程度：检查车内各处的洁净程度，车内应该没有任何脏东西，同时应该检查所有饰面是否有破损，如仪表板、座椅、车顶、车内地面等。

（2）座椅：座椅表面应清洁、完好，乘坐时应该舒适，检查座椅内是否有异物，以免影响乘坐。如果座椅可以进行多方向调节，应该进行调整测试，必须能够达到各个方向的限位点，且调整过程能够保持平顺、无异响。如果座椅靠背可以放倒一定角度，应该进行角度方面的调整测试。如果头枕可调，也应该调整检查。

（3）仪表板：检查仪表板各部分是否完整、按键是否可靠（车还没有通电，基本上可以随便按），表面是否整洁，不应该有划痕和污迹。带有遮阳板、化妆镜的可以一并检查。对于车内其他按键，也一并在通电前进行初步检查，如中控门锁、窗、后排空调开关、转向盘上的转向灯开关等。

（4）储物空间：检查车内每一个储物空间的整洁度和开启、锁闭的可靠性。目前车内储物空间很多，尽量不要遗漏，如仪表板部分的多个储物盒，以及车门、座椅下面和后面、前后中央扶手等处。

（5）安全带：仔细检查每一条安全带拉开、自动回收、锁止的可靠性，应该平稳顺畅。模拟并检查安全带在发生作用时的可靠性，用手特别迅速地拉动安全带。如果是高低可调的安全带，还应该进行调整测试。

以上各部分主要为车内的部分检查。目前轿车更多地采用了电动调节方式，所以很多功能在没有通电前无法测试（如电动调节座椅、车窗、后视镜）。同时，绝大部分轿车已经开始采用电子节气门、转向助力、辅助制动，在通电前这些辅助功能都没有打开，如果遇到打不动方向等问题时，不要使用蛮力。在通电前对各个按键进行按键测试，主要是考虑绝大部分车在通电前按键还没有起作用，不用担心按错而影响到功能。在汽车启动后，不要随便乱动不知用途的按键，务必在熟读说明书后再对这些功能键进行功能试验。

4. 启动后的静止检查

（1）发动机怠速：发动机点火应该短暂且顺利，启动后发动机转速应平稳、无抖动和杂音。运转正常的发动机应该只能听到很小的噪声，且噪声不应该刺耳，同时应该感觉不到从方向盘、挡位等地方传到车内的抖动。启动一小段时间后，发动机转速表应该维持在一定数值范围内

(750~1 200 r/min),指针应该很稳定。过一段时间后,还应该检查冷却液温度表(70~90 ℃)、机油温度表等显示是否正常。

(2)仪表板:检查仪表板是否清楚,各指示灯及转速、速度、油表、冷却液温度表、里程表、时钟、电压表等是否正常。有一些自检灯只在启动时闪几下,启动时请留意。通常有ABS、制动、车门开启提示、机油警示、制动片过薄警示、冷却液温度异常、油温异常、未系安全带、灯光、转向等多个指示灯,而其中大部分在车辆正常行驶时应该是不亮的,当有红色警示灯亮时就应该立刻检查其原因。

(3)方向盘:检查方向盘是否转动自如,自由行程是否过大,回转后位置是否正确。如果是多向可调方向盘,还应该测试调节是否方便,是否在各个位置都能够很好地控制转向。

(4)变速器:变速器换挡应轻便灵活,挡位准确、不跳挡、不乱挡,无异响,连续换挡时应该流畅(应该是原地测试挡位,请不要松开离合器踏板或制动踏板)。

(5)制动/离合器/加速踏板:制动/离合器踏板应该脚感舒适、软硬适中,且自由行程应该适当,在整个行程中应该平稳顺畅、无异响异动。保持空挡或驻车挡时轻踩加速踏板,发动机应该给予响应,转速应该随之稳定地变动。驻车制动器行程应该适中,且效果可靠。制动踏板踩到最大力,保持一分钟,踏板不能有缓慢下移现象。

(6)后视镜/车窗/天窗:应该对后视镜、车窗、天窗进行逐一检查,在开启、闭合的过程中应该自如、平稳、顺畅,不应该有明显的噪音。后视镜应该视野合理、成像清晰,两侧后视镜及中央后视镜经过调整后应该能够基本覆盖车后视野。车窗应该洁净、平整,视线清晰。带天窗的,应该对天窗的滑动/开启/倾斜等进行检查。如果车窗/天窗带有一键式开闭或防夹功能的,应该在保证安全的条件下进行必要的测试。各项调整功能,尤其是电动调节功能必须都能够调整到最大限位,带有后视镜折叠功能(电动或手动)的,需要测试折叠的可靠性。如果是带有记忆功能的高级轿车,还应该对记忆功能进行测试。

(7)灯光:依次检查各项灯光,有示宽灯、近光灯、远光灯、雾灯、转向灯、制动灯、倒车灯、高位制动灯、仪表板照明、车门灯、阅读灯、化妆镜灯、储物箱照明灯、后备厢照明灯等,灯光应该明亮、稳定,开关应当可靠。对称安装的灯的类型、规格、充色及照射高度应一致;变换远近灯光、亮度及照射位置应正确,不偏离、散光;各种灯的安装及光亮应符合厂家说明要求。

(8)雨刮器系统:检查各挡位(慢速、间歇、快速、自动感应、多级可调)速度是否合理(绝对不要在无水的情况下使用雨刮器)、喷水系统是否工作正常。雨刮器扫过玻璃时,应该基本上没有刮玻璃的噪声,且扫水方面没有明显的遗漏。

(9)空调:空调系统出风正常,调整冷热后应该能够在一定时间内吹出冷风/热风。调整风口应该可以顺利关闭、开启或者转向指定角度,带风口开度调节的应该同时测试开度。调整风的循环模式,如内外循环、除霜模式、出风模式等,应该立刻给予响应,各风口的风量相应做出变更。出风口不应该吹出污物和异味,且在风量不是很大时,不应该有明显的风声。如果是自动空调,可以感觉一下温控功能是否可靠、准确。如果带有电辅助加热后视镜、后挡风、座椅的,还应该进行通断及效果测试。

(10)音响/影音系统:检查 U 盘/收音机/Carplay 等运行时的效果,注意静电噪声、灵敏度、抗干扰能力(可以将手机放在旁边,然后拨号)、音质等方面是否正常、可靠。对于多喇叭音响系统,应该留意每个喇叭是否都能够正常发声,并通过调节音响的高低音、左右声道、前后音场、混音模式等做进一步检查。如果是带有影视系统、导航系统的车型,还应该对这些系统进行逐一测试。

以上各部分为怠速情况下可以检查的主要项目,当然也有一些更加细节的地方此处没有描述,如点烟器工作是否正常、可靠,喇叭声音是否正常等。为了确保可靠,建议仔细检查以上各个项目,因为它们大部分与行驶的安全性、舒适性有关。

5. 行驶中的检查

(1)起步:起步过程中应该平稳,无抖动现象,发动机、变速器等处没有异响。

(2)加速:加速时(新车不要急加速)发动机转速过渡应平稳,且无突爆声、断火、回火和放炮现象,仪表板相应的指针反应灵敏。在加速过程中,换挡时应无明显的顿挫感。

(3)正常行驶:以不同车速(30 km/h、60 km/h、90 km/h)行驶过程中整车均应平稳,车内无明显噪声。稳定于某一时速时,发动机应无异常响声,仪表板相应指针应平稳,无明显波动。

(4)转向:行驶中转向机构应操纵灵活,做 O 形行驶,检查转弯半径,当车轮转到极限位置时,不应与其他部位有干涉现象;做 S 形行驶,检查转弯的灵活性。行驶中路遇凹凸不平或碾过石子时,轮胎产生跳动后应能自动回位。以 20~30 km/h 的速度直行时,手短时离开转向盘,不应该出现跑偏、侧滑等现象。

(5)制动:低速制动时应该平稳,车身无点头现象。高速制动时应该灵敏、迅速、有力,不跑偏、不侧滑,制动距离符合出厂规定。对于新车不宜紧急制动,所以不建议对 ABS 系统进行测试。可以在有一定坡度的地面上,检查驻车装置(主要是驻车制动器)是否有效、可靠。

(6)滑行:速度为 30 km/h 时摘挡,滑行距离应在 160 m 以上(滑行距离同汽车的装配工艺、自重、轮胎、路况等有关)。一般滑行距离越长,说明车的各种内部摩擦损耗越小,行驶过程中越省油。

(7)泊车:停车入位时要检查后视镜、倒车雷达等功能,转向系统应该灵敏。

6. 行驶后的检查

(1)尾气:观察车后排气管出口排出的废气,应无烟(环境气温低时的蒸汽除外)、无味(将手放在排气口附近,然后观看手上有无油迹,闻一闻是否有气味)。

(2)锁车:熄火后,散热风扇可能还会继续运转一段时间,其他部分应该已经停止运转。拔出钥匙后所有电器应该处于可靠断电状态,且转向盘方向被锁住。

(3)轮胎:检查轮胎是否出现异常磨损现象,温度是否过高。小心、快速地点触制动盘、鼓,看看是否烫手(请注意避免被烫伤)。

(4)泄漏:待发动机基本冷却后,打开发动机盖复查是否有松动、漏油、漏水、漏电等问题,还应该检查汽车底部前后避震器、制动泵、变速器、传动轴等处有无漏油现象。

7. 最后复查

(1)基本配置:按汽车配置表逐项确认,看有无缺少配置,或者相同配置的情况下,有无搞错对应的型号。

(2)随车附件:检查随车工具(扳手、千斤顶等)、脚垫、坐垫(有些车型不附带这些物品)等是否齐全。

(3)防盗系统:针对原车防盗的功能,进行非破坏性的非法进入、振动等方面的测试,检查防盗系统是否可靠。

(4)遥控功能:如带有遥控的,还应该检测遥控是否正常、可靠,并检查遥控的灵敏度。

(5)钥匙:检查每把钥匙对每一把车锁(正副驾驶侧、后备厢、油箱盖等)的开启和锁止的可靠性。

任务三 新车的维护与保养

一、任务目标

(1)掌握新车的日常维护与保养方法。

(2)掌握新车磨合期的维护与保养方法。

(3)能正确执行对新车外观的检车任务。

(4)能根据维护计划,选择正确的维护工具、设备对汽车发动机、底盘及车身进行润滑保养。

二、能力要求

(1)能正确进行新车的日常维护与保养。

(2)能正确进行新车磨合期的维护与保养。

(3)能制订初步的维护方案,并与客户沟通,取得客户认可,最终确定维护方案。

三、任务内容

为保证汽车的使用寿命,必须经常对汽车进行日常维护;新车、大修车以及装用大修发动机的汽车必须进行走合磨合,在磨合期结束时进行一次走合维护,其作业项目按汽车生产厂家的要求进行。

走合期间,汽车磨合状况的好坏直接关系着汽车寿命的长短。除了必须按生产厂家的规定驾驶汽车外,做好磨合期的维护工作,会更有利于汽车机件的磨合。

1. 日常的维护与保养

1)出车前的维护与保养内容

(1)汽车外部的日常维护与保养内容。

①检查轮胎的技术状况。

②检查、紧固车轮螺栓。

③检查整车外观、油漆和腐蚀情况。

④检查整车各种液体的泄漏情况。

⑤检查风窗玻璃和倒车镜。

(2)汽车内部的日常维护与保养内容。

①检查转向盘的状态。

②检查加速踏板。

③检查离合器踏板。

④检查制动踏板。

⑤检查驻车制动装置。

⑥检查车灯。

⑦检查仪表板报警信号灯和警告蜂鸣器。

⑧检查喇叭。

⑨检查风窗玻璃雨刮器和车窗洗涤器。

⑩检查风窗玻璃除霜器。

⑪检查后视镜和遮阳板。

⑫检查座椅和安全带。

⑬检查自动变速器的停车挡(P挡)。

(3)发动机室内的日常维护与保养内容。

①检查发动机机油液位。

②检查冷却液液位。

③检查散热器和软管。

④检查、补充风窗玻璃洗涤器液。

⑤检查动力转向油的液位。

⑥检查制动器和离合器总泵的储液罐液位。

⑦检查蓄电池。

⑧检查调整发动机风扇传动带。

⑨检查自动变速器液位高度。

⑩检查排气系统。

(4)发动机启动后的仪表板显示情况检查。

①检查发动机不同转速下的工作情况。

②观察各仪表信号、报警装置的工作情况。

(5)车辆起步后的检查。

低速慢行检查底盘工作情况,以 20 km/h 以下的速度开出车辆,检查底盘各部,发现故障及时排除。检查转向盘有无异常摆动、自然偏向一边或操纵沉重等现象。检查制动器的作用是否正常,有无左右制动效果不良的现象。

2)行驶中的检查

(1)行驶中的检查与观察。

在行驶中,应密切注意各仪表的显示,注意发动机和底盘的工作状态。

(2)途中停车时的检查。

停车时,应逐一检查轮毂轴承、轮胎、制动鼓、变速器和驱动桥等部位,看其温度是否正常。检查中如果发现温度过高时,应停车自然冷却。

(3)检查底盘各部的固定情况。

底盘各总成应固定可靠,无异常响声。如果出现异响,应及时查明原因并予以排除。检查轮胎是否缺气、漏气,轮胎固定螺栓应齐全、紧固、可靠。检查转向系统的各球头销,应连接可靠、锁止良好。检查制动系统效能有无变化,各连接销应锁止可靠。检查时,上述部件如出现异常应立即修复,不准带故障继续行驶。

(4)检查全车有无漏油、漏水、漏气和漏电现象。

应时常注意全车有无漏油、漏水、漏气和漏电现象。

3)回场后的维护与保养

如果在停车前发动机曾在重负荷下工作,不要使发动机立即熄火,应以急速运转一段时间后再熄火。收车后或途中宿营时,除执行行车中的检查内容外,还需进行下列项目。

(1)清洁全车内部。

①冲洗车辆时必须停止发动机的转动。

②清洗风窗要在湿的状态下进行,不要使用硬物刮玻璃上的污物,以防损伤玻璃、影响视线。

③驾驶室内顶棚衬里应定期用软毛刷以中性的清洗液洗涤,再用干净柔软布块拭干。

(2)检查和补充油液、紧固螺栓并排除故障。

①检查和补充燃油、机油、冷却液和润滑脂。按要求补充燃油、机油、冷却液、制动液、离合器传动液和动力转向油。

②检查和紧固发动机、底盘和车厢各部的连接螺栓,并检查其安全锁止装置。

③检查各部有无损伤、漏气、漏油、漏水和漏电现象,及时调整和解决存在的问题。

④处理好发动机的防冻问题,在严寒季节未使用防冻液时应完全放净冷却液(要保证确实全部放出,以防冻坏缸体)。

⑤检查轮胎情况。检查轮胎气压,气压不足时及时补充轮胎气压,清除轮胎上的杂物。

2.走合期的维护与保养

新车走合期结束后的维护,一般由生产厂家免费提供服务。汽车走合期的里程为1 500～3 000 km(部分进口汽车将首次维护里程定位7 500～10 000 km),维护内容主要是清洁、润滑、紧固等。

1)走合前的维护与保养

走合前维护是为了防止汽车出现事故和损伤,保证汽车顺利地完成走合期和磨合。其主要作业内容如下。

(1)清洁。清洁全车,检查全车各部位的连接情况,全车外露的螺栓、螺母必须紧固。

(2)检查、添加燃油和润滑油料。驾驶新车前,应将各润滑部位按规定加注足够的润滑脂。使用规定标号的汽油或柴油,若不得已改变燃油标号时,需对供油系统和点火系统做相应调整。

(3)检查、补充冷却液,排除"四漏"现象。检查、补充散热器内的冷却液,并检查、排除全车的漏油、漏气、漏水和漏电现象。

(4)检查底盘的技术状况。检查变速器各挡位能否正确变换;检查转向机构各部位有无松旷和发卡现象;检查和调整轮胎气压。发现变速器或转向系统等存在故障时,应及时送车进厂维修。

(5)电气系统的检查。检查电气设备、灯光和仪表工作是否正常,并检查蓄电池电解液密度及液面高度。

(6)检查制动效能。检查制动系统的性能,试车检查汽车的制动距离,检查是否有跑偏和制动拖滞现象。若不符合要求,应查明原因,及时排除。

2)走合中的维护与保养

走合中维护是在汽车行驶约500 km时进行的,主要是对汽车各部分技术状况开始发生变化的部分进行一次及时的维护,以恢复其良好的技术状况,保证下阶段走合顺利进行。其主要作业内容如下。

(1)润滑。充分润滑全车的各个润滑点。在最初行驶30～40 km时,应检查变速器、驱动桥、轮毂和传动轴等处是否发热或有异响。若发热或者有异响应查明原因，予以调整或修理。

（2）检查。检查制动效能和各连接处制动管路的密封程度，必要时加以调整和紧固，认真做好总成和机件的检查、调整工作。

（3）紧固。新车行驶 150 km 后，需检查一次全车外部螺栓、螺母紧固情况；行驶 500 km 时，应将前、后轮毂螺母紧固一次。有些国产汽车需要对缸盖螺栓进行紧固。在紧固时，应按规定顺序由中部开始，依次向两边对角线交叉进行或螺旋线方向进行。

汽车在走合行驶过程中，要注意观察各总成的温度情况，并要随时检查和排除"四漏"（漏油、漏水、漏气、漏电）。

3）走合后的维护与保养

汽车走合期结束后，应及时将汽车送到厂家指定的维修站进行走合后的维护。这次汽车走合维护的目的，一方面是对汽车进行全面的检查、紧固、调整和润滑作业，使汽车达到良好的行驶状态；另一方面也是生产厂家对汽车售后服务的身份认定。汽车走合后维护的主要作业内容如下。

（1）更换润滑油，更换滤清器滤芯。

（2）检查、补充发动机冷却液。

（3）检查、调整发动机传动带松紧度。

（4）检查、校正点火正时。

（5）检查、调整发动机尾气排放。

（6）检查、调整制动系统。

（7）检查、调整离合器踏板自由行程。

（8）检查、紧固悬架和转向机构。

（9）检查整车各部分的泄漏情况并进行排除。

（10）润滑各部分铰链。

（11）检查轮胎技术状况。

（12）检查、调整电气系统的技术状态。

项目二　汽车维护与保养制度

任务一　汽车维护的定义、目的与意义

一、任务目标

(1)掌握汽车的日常维护的定义。
(2)掌握汽车的日常维护的目的。
(3)掌握汽车的日常维护的意义。

二、能力要求

能正确认识汽车的日常维护与保养。

三、任务内容

1.汽车维护的定义、目的与意义

汽车维护与保养是指当汽车行驶到规定时间或里程后,根据汽车维护技术标准,按规定的工艺流程、作业范围、作业项目和技术要求对汽车进行的预防性作业,如清洁、检查、紧固、润滑、调整和补给等。

汽车在使用过程中,由于各部机件发生摩擦、振动、冲击以及环境的影响,汽车各总成、机构及零件逐渐产生不同程度的自然松动、磨损和机械损伤。因此,随着汽车行驶里程的增加,其技术状况会逐渐变差,若不采取必要的措施,必然使汽车的动力性、经济性以及可靠性下降;严重时会引起事故,出现预想不到的损坏。

汽车维护是指维持汽车完好技术状况或工作能力而进行的作业。实践证明,对汽车进行可靠的维护作业,是延长其使用寿命、防止机件早期损坏、减少运行故障的最佳措施。汽车维护的意义就是针对上述客观情况,在以预防为主的思想指导下,结合汽车各部总成、机构、零件发生

自然松动和磨损的规律,通过合理的维护,汽车的技术状况或工作能力得以维持,使用寿命得以充分延长。汽车维护的目的在于保持车辆外观整洁,延长机件的使用寿命,减少不应有的损坏,而且可以及时发现和消除故障隐患,同时实现下述功能。

(1)确保汽车经常处于良好的技术状况,随时可以出车,提高车辆完好率;

(2)在正常的使用条件下,汽车在运行中不至于因中途损坏而停歇,同时保证行车安全;

(3)确保汽车各部件总成的技术状况尽可能保持均衡,延长大修间隔里程;

(4)确保汽车运行中燃料、润滑材料、专用液及轮胎的消耗费用降到最低;

(5)减少车辆的噪声与排放污染物对环境的污染。

2. 我国的汽车维护制度

根据交通部《汽车运输业车辆技术管理规定》,我国现行的汽车维护制度应贯彻"预防为主、定期检测、强制维护、视情况修理"的原则,即汽车维护必须遵照交通运输管理部门或生产厂家规定的行驶里程或时间间隔,按期强制执行,不得拖延,并在维护作业中遵循汽车维护分级和作业范围的有关规定,以确保维护质量。

依据其作业周期和性质的不同,汽车维护可分为定期维护和非定期维护两种。汽车定期维护分为日常维护、一级维护、二级维护。汽车非定期维护分为走合期维护、换季维护。

3. 汽车定期维护周期及其确定

GB/T 18344—2016《汽车维护、检测、诊断技术规范》中明确规定:汽车日常维护的周期为出车前、行车中和收车后。汽车一、二级维护周期的确定,应以汽车行驶里程间隔为基本依据;对于不便于用行驶里程统计的汽车,可用时间间隔确定周期。定期维护间隔里程应依据车辆使用说明书的有关规定,结合汽车使用条件的不同,由各地省级交通主管部门确定;按使用时间间隔确定维护周期的车辆可依据汽车使用强度和条件的不同,参照汽车一、二级维护行驶里程周期确定。

汽车一、二级维护周期主要依据车辆使用说明书的有关规定,结合汽车使用条件和汽车使用强度等因素来确定。

1)车辆使用说明书的有关规定与维护周期

在每一辆汽车的随车文件中,车辆使用说明书是一份必不可少的使用技术资料。其中,对该车型的强制维护的分级、周期及各级维护的作业内容都有明确规定,并要求车辆在使用过程中应按照使用说明书的要求严格执行,尤其是初驶过程中应到制造厂指定的特约维修站进行车辆维护。

2)发动机润滑油更换周期与维护周期

确定汽车发动机润滑油的合理更换周期,也是确定整车维护周期的重要参照依据。因为润滑油更换合理与否,将直接影响发动机,乃至整车的使用寿命和油品的使用经济性。我国汽车用户对发动机润滑油更换的原则主要是以汽车制造厂推荐的换油周期为标准。

3)汽车使用条件与维护周期

汽车使用条件包括汽车运行地区的地理环境、气候、风沙条件,汽车运行强度和燃料、润滑材料的品质等。应根据汽车使用条件的不同,结合汽车使用说明书的要求,确定汽车一、二级维护的周期。

任务二　汽车日常维护

一、任务目标

(1)理解汽车维护与保养作业技术的重要意义。
(2)掌握汽车日常维护保养的基本概念。
(3)知道汽车日常维护保养的工艺流程。
(4)知道汽车日常维护保养作业的中心内容。
(5)重点掌握日常维护保养的作业内容、操作要领及技术要求。

二、能力要求

(1)能熟练操作汽车日常维护保养的作业。
(2)能与客户主动交流沟通,具有较强的语言交流与沟通能力。

三、任务内容

1.汽车日常维护的定义

汽车日常维护也称例行保养,是各级维护的基础,是指驾驶员在每日出车前、行车中和收车后,针对车辆使用情况所做的一系列预防性质的维护作业。其中心内容包括清洁、补给和安全检视。

汽车在运行过程中,由于受到外界各种不同运行条件的影响,汽车各部件发生摩擦、震动、冲击,以及受自然因素的侵蚀后,会使汽车的技术状况逐渐变坏,导致动力性能下降,经济性能变差,安全和可靠性能降低,甚至还可能发生道路交通事故。因此,应根据汽车零、部件磨损的客观规律,定期地对汽车进行清洁、滑润、检查、调整、紧固等维护工作。

2.汽车日常维护的基本要求

汽车日常维护的目的是保证车辆各部分的清洁和润滑,各总成、部件的工作正常,尤其是要掌握车辆安全部件的技术状况，保证其工作可靠。其主要任务是坚持做到"三检"，保持"四清"和防止"四漏"。坚持"三检"即出车前、行车中、完成行车任务后检查车辆的安全机构及各部件连接情况和工作状况；保持"四清"即保持机油、空气、燃油滤清器和蓄电池的清洁；防止"四漏"即防止漏水、漏油、漏气、漏电，保持车容整洁，车况良好。汽车维护与保养场地如图2-2-1所示。

图2-2-1　汽车维护与保养场地

3.汽车日常维护作业内容

汽车日常维护主要以清洁、补给和安全性能检视为主要内容，维护周期为出车前、行车中和收车后。

1）出车前

行车前的检查有车辆外部检查、驾驶室内检查、发动机舱检查。

(1)车辆外部的日常检查与维护。

①检查前照灯（近光、远光）、尾灯、牌照灯、制动灯、示廓灯和转向灯等照明装置是否正常。

②检查后视镜，调整后视镜角度。

③检查车轮螺栓、螺母，确保齐全完好，无松动。

④根据轮胎着地部分的弯曲状态，判断气压是否正常。

⑤行驶途中停车时，应检查各部位有无漏水、漏油、漏气三漏现象。

(2)驾驶室内部的检查与维护。

①制动系统自检正常，无制动报警灯闪亮，检查行车制动、驻车制动。

②雨刮器各挡位工作正常。

(3)发动机舱内的日常检查与维护。

①检查玻璃清洗液量是否正常，如果缺少则加入。

②检查制动液量是否在上限和下限之间，如果液体短期内明显减少，要考虑制动液是否泄漏。

③检查冷却液量是否在上限和下限之间，如果冷却液明显减少时，水箱散热器、水箱软管有可能泄漏。

④检查发动机机油量是否在上限和下限之间（将车停在平坦的地方，在启动发动机之前或熄火几分钟后进行）。

2）行车中

①在行驶中，应经常注意察看车上各种仪表，擦拭各种驾驶机件，察听发动机及底盘声音，如发觉操纵困难、车身跳动或颤抖、机件有异响或焦臭味时，即应停车检查，进行必要的调整和修理。

②车辆行驶涉水路段后应注意检查行车制动器的效能。

③行驶中方向盘的操纵忽然变得沉重并偏向一侧，应检查是否因其中一边轮胎泄气所致。

④检查轮胎的外表面有无破裂、凸起、异物刺入及异常磨损，轮胎气压是否符合规定。

⑤检查冷却液和机油量，有无漏水、漏油，气压制动有无漏气现象。

3）收车后

①安全带应固定可靠、功能有效。

②检查有无漏油、漏水、漏气现象，视需要补充燃油、润滑油和冷却水。

③检查轮胎气压，清除轮胎花纹及表面的杂物。

④打扫驾驶室，清洗底盘，擦拭发动机、各部件和清洁整车外表。

任务三　汽车一级维护

一、任务目标

(1)理解汽车维护与保养作业技术的重要意义。

(2)掌握汽车一级维护保养的基本概念。

(3)知道汽车一级维护保养的工艺流程。

(4)知道汽车一级维护保养作业的中心内容。

(5)重点掌握一级维护保养的作业内容、操作要领及技术要求。

二、能力要求

(1)能熟练操作汽车一级维护保养的作业。

(2)能与客户主动交流沟通，具有较强的语言交流与沟通能力。

三、任务内容

1. 汽车一级维护的定义

汽车一级维护是一项运行性维护作业,指车辆行驶到一定里程(间隔里程因车辆和使用条件而不同)后,除完成日常维护保养作业外,还应进行以清洁、润滑、紧固为主要的作业内容,并检查有关制动、操纵等安全部件,由专业维修人员负责执行车辆维护作业。根据我国现行的汽车维护制度,一级维护应由专业维修企业负责执行,即进厂维护。如图2-3-1所示。

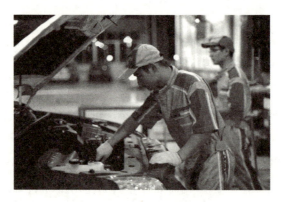

图 2-3-1　汽车一级维护

2. 汽车一级维护的基本要求

汽车一级维护是一项运行性维护作业,即在汽车日常使用过程中的一次以确保车辆正常运行状况为目的的作业,主要内容为清洁、润滑和紧固,并检查制动、操纵等安全部件。为了确保汽车运行安全,一级维护必须由汽车维修企业的专业维护人员来完成,这对保证车辆技术状况具有十分重要的意义。

3. 汽车一级维护的工艺流程及作业内容

汽车一级维护的工艺流程,如图2-3-2所示。

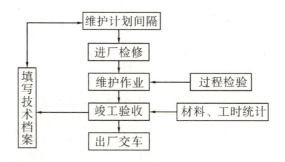

图 2-3-2　汽车一级维护的工艺流程

汽车一级维护的大量作业内容是检查,同时含有清洁、补给、润滑、紧固和调整等。汽车一级维护的作业内容见表2-3-1。

表2-3-1 汽车一级维护的作业内容

序号	作业项目		作业内容	技术要求
1	发动机	空气滤清器、机油滤清器和燃油滤清器	清洁或更换	按规定的里程或时间清洁或更换滤清器。滤清器应清洁,衬垫无残缺,滤芯无破损。滤清器安装牢固,密封良好
2		发动机润滑油及冷却液	检查油(液)面高度,视情况更换	按规定的里程或时间更换润滑油、冷却液,油(液)面高度符合规定
3	转向系	部件连接	检查、校紧万向节、横直拉杆、球头销和转向节等部位连接螺栓、螺母	各部件连接可靠
4		转向器润滑油及转向助力油	检查油面高度,视情况更换	按规定的里程或时间更换转向器润滑油及转向助力油,油面高度符合规定
5	制动系	制动管路,制动阀及接头	检查制动管路、制动阀及接头,校紧接头	制动管路、制动阀固定可靠,接头紧固,无漏气(油)现象
6		缓速器	检查、校紧缓速器连接螺栓、螺母,检查定子与转子间隙,清洁缓速器	缓速器连接紧固,定子与转子间隙符合规定,缓速器外表、定子与转子间清洁,各插接件与接头连接可靠
7		储气筒	检查储气筒	无积水及油污
8		制动液	检查液面高度,视情况更换	按规定的里程或时间更换制动液,液面高度符合规定
9	传动系	各连接部位	检查、校紧变速器、传动轴、驱动桥壳、传动轴支撑等部位连接螺栓、螺母	各部位连接可靠,密封良好
10		变速器、主减速器和差速器	清洁通气孔	通气孔通畅
11	车轮	车轮及半轴的螺栓、螺母	校紧车轮及半轴的螺栓、螺母	扭紧力矩符合规定
12		轮辋及压条挡圈	检查轮辋及压条挡圈	轮辋及压条挡圈无裂损及变形

续表

序号	作业项目		作业内容	技术要求
13	其他	蓄电池	检查蓄电池	液面高度符合规定,通气孔通畅,电桩、夹头清洁、牢固,免维护蓄电池电量状况指示正常
14		防护装置	检查侧防护装置及后防护装置,校紧螺栓、螺母	完好有效,安装牢固
15		全车润滑	检查、润滑各润滑点	润滑嘴齐全有效,润滑良好。各润滑点防尘罩齐全完好。集中润滑装置工作正常,密封良好
16		整车密封	检查泄漏情况	全车不漏油、不漏液、不漏气

▶ 任务四　汽车二级维护

一、任务目标

(1)理解汽车维护与保养作业技术的重要意义。
(2)掌握汽车二级维护保养的基本概念。
(3)知道汽车二级维护保养的工艺流程。
(4)知道汽车二级维护保养的作业的中心内容。
(5)重点掌握二级维护保养的作业内容、操作要领及技术要求。

二、能力要求

(1)能熟练操作汽车二级维护保养的作业。
(2)能与客户主动交流沟通,具有较强的语言交流与沟通能力。

三、任务内容

1.汽车二级维护的定义

汽车行驶过程中如果重要部件存在问题则容易出现安全事故,制动系统、转向操纵系统、悬架等经过一定时间使用后容易磨损或变形,汽车二级维护是指车辆行驶到一定里程(间隔里程因车辆和使用条件的不同而不同)后,除完成一级维护作业外,以检查和调整转向节、制动系统、转向节臂及悬架等安全部件为主,拆检轮胎,进行轮胎换位,检查调整发动机的工况和排气污染装置等,由维修企业负责执行的车辆维护作业,称为汽车二级保养。其中心作业内容为检查和调整。

汽车二级维护是汽车维护作业的最高级别。二级维护要求在维护前进行不解体检测诊断,确定附加作业项目,强调对安全部件的检查、调整,同时检查、调整发动机和排气污染控制装置的工况。

2.汽车二级维护的基本要求

汽车二级维护的目的是确保行驶安全,消除隐患,使车辆性能稳定,所以二级维护作业应该进行得全面且彻底,如图2-4-1所示。

图2-4-1 汽车正在进行二级维护

(1)汽车二级维护检测诊断。应该全面完成二级维护检测诊断项目,这关系到对该车的技术状况能否真正掌握,关系到二级维护附加作业的确定是否合理、是否到位,关系到汽车潜在的故障能否通过这次维护得到彻底的排除。

(2)二级维护过程中应始终贯穿过程检验,并记录二级维护作业过程或检验结果。汽车二级维护是否达到预期目的,取决于二级维护的基本作业和附加作业项目是否到位,是否按技术要求完成作业任务。只有加强对维护作业过程的检验,才能对汽车维护质量进行有效控制,以确保汽车二级维护达到应有的目的。

(3)汽车二级维护竣工检验。维护企业应有明确的、针对具体车型的汽车维护竣工检验技术标准,根据该标准配备相应的检测设备及掌握现代汽车检测诊断技术的质量检验员,这是保证汽车维护质量的关键。

3.汽车二级维护进厂检测

进厂检测包括规定的检测项目以及根据驾驶员反映的车辆技术状况确定的检测项目,二级维护规定的进厂检测项目见表2-4-1。检测项目的技术要求应符合国家有关的技术标准和车辆维修资料等相关规定,进厂检测时应记录检测数据或结果,并据此进行车辆故障诊断。

表 2-4-1　汽车二级维护规定的进厂检测项目

序号	检测项目	检测内容	技术要求
1	故障诊断	车载诊断系统(OBD)的故障信息	装有车载诊断系统(OBD)的车辆,不应有故障信息
2	行车制动性能	检查行车制动性能	采用台架检验或路试检验,应符合 GB 7258 相关规定
3	排放	排气污染物	汽油车采用双怠速法,应符合 GB 18285 相关规定。柴油车采用自由加速法,应符合 GB 3847 相关规定。

4.汽车二级维护基本作业项目

车辆维修资料中与本标准规定的二级维护基本作业项目相同的部分,依据本标准中相对应的条款执行;车辆维修资料中与本标准规定的二级维护基本作业项目不同的部分,依据车辆维修资料的有关条款执行。有特殊维护要求的系统、总成和装置,其维护作业项目执行车辆维修资料规定。汽车二级维护基本作业项目见表 2-4-2。

表 2-4-2　汽车二级维护基本作业项目及技术要求

序号		作业项目	检测内容	技术要求
1	发动机	发动机工作状况	检查发动机起动性能和柴油发动机停机装置	启动性能良好,停机装置功能有效
			检查发动机运转情况	低、中、高速运转稳定,无异响
2		发动机排放机外净化装置	检查发动机排放机外净化装置	外观无损坏、安装牢固
3		燃油蒸发控制装置	检查外观,检查装置是否畅通,视情况更换	碳罐及管路外观无损坏、密封良好、连接可靠,装置畅通无堵塞。
4		曲轴箱通风装置	检查外观,检查装置是否畅通,视情况更换	管路及阀体外观无损坏、密封良好、连接可靠,装置畅通无堵塞
5		增压器、中冷器	检查、清洁中冷器和增压器	中冷器散热片,管路无老化,连接可靠,密封良好。增压器运转正常,无异响,无渗漏
6		发电机、起动机	检查、清洁发电机和起动机	发电机和起动机外表清洁,导线接头无松动,运转无异响,工作正常
7		发动机传动带(链)	检查空压机、水泵、发电机、空调机组合正时传动带(链)磨损及老化程度,视情调整传动带(链)松紧度	按规定里程或时间更换传动带(链)。传动带(链)无裂痕和过量磨损,表面无油污。松紧度符合规定
8		冷却装置	检查散热器、水箱及管路密封	散热器、水箱及管路固定可靠,无变形、堵塞、破损及渗漏。箱盖接合表面良好,胶垫不老化
			检查高压线外观及连接情况,按规定里程或时间更换高压线	高压线外观无破损、连接可靠

续表

序号	作业项目		检测内容	技术要求
9	发动机	火花塞、高压线	检查火花塞间隙、积碳和烧蚀情况,按规定里程或时间更换火花塞	无积碳,无严重烧蚀现象,电极间隙符合规定
			检查高压线外观及连接情况,按规定里程或时间更换高压线	高压线外观无破损、连接可靠
10		进、排气歧管,消声器,排气管	检查进、排气歧管,消声器,排气管	外观无破损,无裂痕,消声器功能良好
11		发动机总成	清洁发动机外部,检查隔热层	无油污、无灰尘、隔热层密封良好
			检查、校紧连接螺栓、螺母	油底壳,发动机支撑,水泵,空压机,涡轮增压器,进、排气歧管,消音器,排气管,输油管和喷油泵等部位连接可靠
12		储气筒、干燥器	检查、紧固储气筒;检查干燥器功能,按规定里程或时间更换干燥剂	储气筒安装牢固、密封良好。干燥器功能正常,排水阀通畅
13	制动系	制动踏板	检查、调整制动踏板自由行程	制动踏板自由行程符合规定
14		驻车制动	检查驻车制动性能,调整操纵机构	功能正常,操纵机构齐全完好、灵活有效
15		防抱死制动装置	检查连接线路,清洁轮速传感器	各连接线及插接件无松动,轮速传感器清洁
16		鼓式制动器	检查制动间隙调整装置	功能正常
			拆卸制动鼓、轮毂、制动蹄。清洁轴承位、轴承、支撑销和制动底板等零件	清洁,无油污,轮毂通气孔通畅
			检查制动底板、制动凸轮轴	制动底板安装牢固、无变形、无裂损。凸轮轴转动灵活,无卡滞和松旷现象
			检查轮毂内外轴承	滚柱保持架无断裂,滚珠无缺损、脱落,轴承内外圈无裂损和烧蚀

续表

序号	作业项目		检测内容	技术要求
16	制动系	鼓式制动器	检查制动摩擦片、制动蹄及支撑销	摩擦片表面无油污、裂损;厚度符合规定。制动蹄无裂纹及明显变形,铆接可靠;铆钉沉入深度符合规定。支撑销无过量磨损;与制动蹄轴承孔衬套配合无明显松旷
			检查制动蹄复位弹簧	复位弹簧不得有扭曲、钩环损坏、弹性损失和自由长度改变等现象
			检查轮毂、制动鼓	轮毂无裂损,制动鼓无裂痕、沟槽、油污及明显变形
			装复制动鼓、轮毂、制动蹄,调整轴承紧度、调整制动间隙	润滑轴承,轴承位涂抹润滑脂后再装轴承。装复制动蹄时,轴承孔内应涂抹润滑脂,开口销或卡簧固定可靠。制动摩擦片与制动鼓配合间隙符合规定。轮毂转动灵活且无轴向间隙。锁紧螺母、半轴螺母及车轮螺母齐全,扭紧力矩符合规定
17		盘式制动器	检查制动摩擦片和制动盘磨损量	制动摩擦片和制动盘磨损量应在标记规定或制造商要求的范围内,其摩擦工作面不得有油污、裂纹、失圆和沟槽等损伤
			检查制动摩擦片与制动盘间的间隙	制动摩擦片与制动盘之间的转动间隙符合规定
			检查密封件	密封件无裂纹或损坏
			检查制动钳	制动钳安装牢固、无油液泄漏。制动钳导向销无裂纹或损坏
18	转向系	转向器和转向传动机构	检查转向器和转向传动机构	转向轻便、灵活,转向无卡滞现象,锁止、限位功能正常
			检查部件技术状况	转向节臂、转向器摇臂及横直拉杆无变形、裂纹和拼焊现象,球销无裂痕、不松旷,转向器无裂损、无漏油现象
19		转向盘最大自由转动量	检查、调整转向盘最大自由转动量	最高设计车速不小于 100 km/h 的车辆,其转向盘的最大自由转动量不大于 15°,其他车辆不大于 25°
20	行驶性	车轮及轮胎	检查轮胎规格型号	轮胎规格型号符合规定,同轴车轮的规格和花纹应相同,公路客车(客运班车)、旅游客车、校车和危险货物运输车的所有车轮及其他车辆的转向不得装用翻新的轮胎

续表

序号	作业项目		检测内容	技术要求
20	行驶性	车轮及轮胎	检查轮胎外观	轮胎的胎冠、胎臂不得有长度超过 25 mm 或深度足以暴露出帘布层的破裂和割伤以及凸起、异物刺入等影响使用的缺陷。具有磨损标志的轮胎,胎冠的磨损不得触及磨损标志;无磨损标志或标志不清的轮胎,乘用车和挂车胎冠花纹深度应不小于 1.6 mm;其他车辆的转向轮的胎冠花纹深度应不小于 3.2 mm,其余轮胎胎冠花纹深度应不小于 1.6 mm
			轮胎换位	根据轮胎磨损情况或相关规定,视情进行轮胎换位
			检查调整车轮前束	车轮前束值符合规定
21		悬架	检查悬架弹性元件,校紧连接螺栓、螺母	空气弹簧无泄漏、外观无损伤。钢板弹簧无断片、缺片、移位和变形,各部件连接可靠。U形螺栓、螺母扭紧力矩符合规定
			减震器	减震器稳固有效,无漏油现象,橡胶垫无松动、变形及分层
22		车桥	检查车桥、车桥与悬架之间的拉杆和导杆	车桥无变形、表面无裂痕、油脂无泄漏,车桥与悬架之间的拉杆和导杆无松旷、移位和变形
23	传动系	离合器	检查离合器工作状况	离合器结合平稳,分离彻底,操作轻便,无异响、打滑、抖动及沉重等现象
			检查、调整离合器踏板自由行程	离合器踏板自由行程符合规定
24		变速器、主减速器、差速器	检查、调整变速器	变速器操纵轻便,挡位准确,无异响、打滑及乱挡等异常现象,主减速器、差速器工作无异响
			检查变速器、主减速器、车速器润滑油面高度,视情况更换	按规定的里程或时间更换润滑油,液面高度符合规定
25		传动轴	检查防尘罩	防尘罩无裂痕、损坏,卡箍连接可靠,支架无松动
			检查传动轴及万向节	传动轴无弯曲,运转无异响。传动轴及万向节无裂损、不松旷
			检查传动轴承及支架	轴承无松旷,支架无缺损和变形

续表

序号	作业项目		检测内容	技术要求
26	灯光导线	前照灯	检查远光灯发光强度，检查、调整前照灯光束照射位置	符合 GB 7258 规定
27		线束及导线	检查发动机舱及其他可视的线束及导线	插接件无松动、接触良好。导线布置整齐、固定牢靠，绝缘层无老化、破损，导线无外露。导线与蓄电池桩头连接牢固，并有绝缘层
28	车架和车身	车架和车身	检查车架和车身	车架和车身无变形、断裂及开焊现象；连接可靠，车身周正。发动机罩锁扣锁紧有效。车厢铰链完好，锁扣锁紧可靠，固定集装箱箱体、货物的锁止机构工作正常
			检查车门、车窗启闭和锁止	车门和车窗应启闭正常，锁止可靠。客车动力启闭车门的车内应急开关及安全顶窗机件齐全、完好有效
29		支撑装置	检查、润滑支撑装置，校紧连接螺栓、螺母	安好有效，润滑良好，安装牢固
30		牵引车与挂车连接装置	检查牵引销及其连接装置	牵引销安装牢固，无损伤、裂纹等缺陷，牵引销颈部磨损量符合规定
			检查、润滑牵引座及牵引销销止、释放机构，校紧连接螺栓、螺母	牵引座表面油脂均匀，安装牢固，牵引销锁止、释放机构工作可靠
			检查转盘与转盘架	转盘与转盘架贴合面无松旷、偏歪。转盘与牵引连接部件连接牢靠，转盘连接螺栓应紧固，定位销无松旷、无磨损，转盘润滑
			检查牵引钩	牵引钩无裂纹及损伤；锁止、释放机构工作可靠

5. 汽车二级维护过程检验

在二级维护过程中，要始终贯穿过程检验，并做检验记录。二级维护作业项目执行过程中要全面、自始至终实施质量检验；要做检验记录，特别是对有配合间隙、调整数据或拧紧力矩等技术参数要求的作业项目，要有检验数据记录，作为作业过程质量监督的依据。二级维护基本作业项目表中"技术要求"一栏是过程检验的技术标准。

项目三　汽车维护保养常用设备

▶ 任务一　汽车维护与保养常用工具的使用

一、任务目标

(1) 了解汽车维护与保养常用工具名称。
(2) 能选择工具进行实操。
(3) 能正确使用各种工具。

二、能力要求

(1) 能熟练操作各种汽车维护与保养工具。
(2) 能与客户主动交流沟通,具有较强的语言交流与沟通能力。

三、任务内容

1. 常用扳手类工具

汽车保养维修常用扳手类工具主要有开口扳手、梅花扳手、套筒扳手、扭力扳手、活动扳手等。

(1) 开口扳手,如图 3-1-1 所示。扳手的型号就是相对应螺栓或螺母头部六面体对边的距离,如 16#扳手,指对应的螺栓或螺母头部六面体对边距离为 16 mm。

图 3-1-1　开口扳手

(2)梅花扳手,如图 3-1-2 所示。在使用梅花扳手时,左手推住梅花扳手与螺栓连接处,保持梅花扳手与螺栓完全配合,防止滑脱,右手握住梅花扳手另一端并加力。梅花扳手可将螺栓、螺母的头部全部围住,因此不会损坏螺栓角,可以施加大力矩。

图 3-1-2　梅花扳手

(3)套筒扳手,如图 3-1-3 所示。套筒扳手是由多个带六角孔或十二角孔的套筒并配有手柄、接杆等多种附件组成,特别适用于拧转位于十分狭小或凹陷很深处的螺栓或螺母。

图 3-1-3　套筒扳手总成(150 件套装)

(4)扭力扳手,如图3-1-4所示。扭力扳手又叫扭矩扳手、扭矩可调扳手,是扳手的一种。按动力源可分为电动力矩扳手、气动力矩扳手、液压力矩扳手及手动力矩扳手;手动力矩扳手可分为预置式、定值式、表盘式、数显式、打滑式、折弯式以及公斤扳手。当螺钉和螺栓的紧密度高时,使用扭矩扳手可以允许操作员施加特定扭矩值。

图 3-1-4　扭力扳手

(5)活动扳手,如图3-1-5所示。活动扳手开口宽度可在一定范围内调节,是用来紧固和旋松不同规格的螺母和螺栓的一种工具。活动扳手是维修工人的常用工具,因其开口可以在一定的范围内进行调节,使用起来很方便,不但可用于标准的公制螺栓和英制螺栓,而且还可用于某些自制的非标准螺栓。

图 3-1-5　活动扳手

2.螺钉旋具

螺钉旋具,也常称作螺丝起子、螺丝批、螺丝刀或改锥等,如图3-1-6所示,是用以旋紧或旋松螺钉的工具。主要有一字(负号)和十字(正号)两种,其规格以刀体部分的长度表示,常用的规格有100 mm、150 mm、200 mm和300 mm等几种,使用时应根据螺钉沟槽的宽度选用相应的规格。一般工作部分用碳素工具钢制成,并经淬火处理。

(a) 一字螺丝刀　　　　　　　(b) 十字螺丝刀

图 3-1-6　螺钉旋具

3. 活塞环拆装钳

活塞环拆装钳是一种专门用于拆装活塞环的工具,如图 3-1-7 所示。维修发动机时,必须使用活塞环拆装钳拆装活塞环。

使用活塞环拆装钳时,将拆装钳上的环卡卡住活塞环开口,握住手把稍稍均匀地用力,使拆装钳手把慢慢地收缩,环卡将活塞环徐徐地张开,使活塞环能从活塞环槽中取出或装入。使用活塞环拆装钳拆装活塞环时,用力必须均匀,避免用力过猛而导致活塞环折断,同时能避免伤手事故。

图 3-1-7　活塞环拆装钳

4. 拉拔器

拉拔器,如图 3-1-8 所示。可以用来完成三种工作:

(1)把物体从轴上拉出。

(2)把物体从孔中拉出。

(3)把轴从物体中拔出。

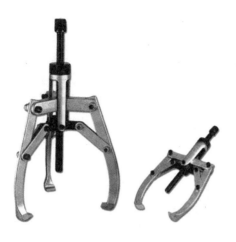

图 3-1-8 拉拔器

5.常用专用工具

(1)机油滤清器组合扳手,如图 3-1-9 所示。

(2)轮胎螺母拆装气动扳手,如图 3-1-10 所示。使用时连接高压气体快速接头,注意检查风炮旋转方向,还可以根据实际需求,调节风炮旋转力矩大小。

图 3-1-9 机油滤清器组合扳手

图 3-1-10 螺母拆装气动扳手

6.量具、仪表类工具

1)螺旋千分尺

螺旋千分尺精度为 0.01 mm,规格有 0~25 mm、25~50 mm、50~75 mm 等,每间隔 25 mm 为一段测量范围,如图 3-1-11 所示。

使用方法：

(1)检查千分尺的系统误差。

(2)松开活动套筒锁紧装置,用手转动微调机构,检查螺杆和螺纹转动是否灵活。

(3)锁紧活动套筒,检查棘轮机构的性能。

图 3-1-11　千分尺

2)游标卡尺

游标卡尺是一种测量长度、内外径、深度的量具,如图 3-1-12 所示。游标卡尺由主尺和附在主尺上能滑动的游标两部分构成。主尺一般以毫米为单位,而游标上则有 10、20 或 50 个分格,根据分格的不同,游标卡尺可分为十分度游标卡尺、二十分度游标卡尺、五十分度格游标卡尺等,游标为 10 分度的有 9 mm,20 分度的有 19 mm,50 分度的有 49 mm。游标卡尺的主尺和游标上有两副活动量爪,分别是内测量爪和外测量爪,内测量爪通常用来测量内径,外测量爪通常用来测量长度和外径。

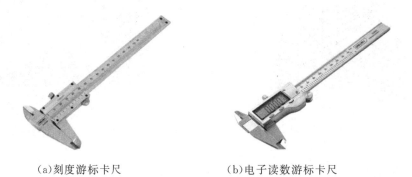

(a)刻度游标卡尺　　　　　　　(b)电子读数游标卡尺

图 3-1-12　游标卡尺

3)厚薄规

厚薄规由薄钢片制成,如图 3-1-13 所示,并由若干片不同厚度的规片(尺)组成一组。它主要用来检查两结合面之间的缝隙,所以也称为"塞尺"或"缝尺"。在每片尺片上都标注有其厚度为多少毫米。因为厚薄规的尺片很薄,所以操作时应当特别注意、仔细,稍不注意就会将尺片曲伤。如果是若干尺片重合一起使用,就应将最薄的尺片夹在中间。

图 3-1-13　厚薄规

4）磁力表座和百分表

（1）磁力表座，如图 3-1-14 所示，通过转动磁力调节开关旋钮，检查磁力表座的性能。

（2）百分表，如图 3-1-15 所示。百分表的工作原理，是将被测尺寸引起的测杆微小直线移动，经过齿轮传动放大，变为指针在刻度盘上的转动，从而读出被测尺寸的大小。百分表是利用齿条齿轮或杠杆齿轮传动，将测杆的直线位移变为指针的角位移的计量器具。可以通过用手上下推动表针，检验百分表转动是否灵活。

图 3-1-14　磁力表座

图 3-1-15　百分表

5）轮胎气压表

轮胎气压表用来检验和调整轮胎气压，如图 3-1-16 所示。使用轮胎气压表之前，一定要将轮胎气压表接到高压气体管路上校验轮胎气压表的误差。

图 3-1-16　轮胎气压表

6）冰点测试仪

冰点测试仪，如图3-1-17所示。该测试仪可以对防冻液冰点、玻璃清洗液冰点、电解液密度、甲醇浓度、尿素浓度进行综合测试。

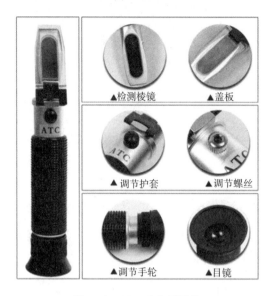

图3-1-17 冰点测试仪

冰点测试仪的使用方法：

（1）掀开盖板，用柔软绒布将盖板及棱镜表面擦拭干净。

（2）校准：将蒸馏水用吸管滴于棱镜表面，合上盖板轻轻按压，调节校正螺钉，使明暗分界线与基准线重合。

（3）用吸管将待测液体（防冻液、玻璃清洗液、电解液）滴于棱镜表面，合上盖板轻压，将冰点测试仪对向明亮处，旋转目镜使场内刻线清晰，读出明暗分界线在分划板上相应标尺上的数值即可，如图3-1-18所示。

（4）测试完毕，用蒸馏水清洗吸管和棱镜表面，然后用软绒布将盖板和棱镜表面擦拭干净，清洗吸管，将检测仪收藏于包装盒内。

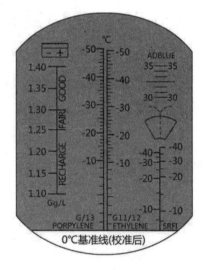

图3-1-18 冰点测试仪刻度线

7）轮胎沟槽深度尺

轮胎沟槽深度尺，如图3-1-19所示。它用来测量轮胎沟槽深度。使用时要注意校验轮胎沟槽深度尺误差，测量位置应避开轮胎沟槽深度警戒位置。

(a)刻度深度尺　　　　　(b)电子数显深度尺

图3-1-19　轮胎沟槽深度尺

任务二　汽车举升机的使用

一、任务目标

(1)能正确使用汽车举升机。
(2)能熟悉各种举升机工作原理。

二、能力要求

(1)能熟练操作各种举升机。
(2)能与客户主动交流沟通,具有较强的语言交流与沟通能力。

三、任务内容

1. 举升机介绍

汽车举升机可以将车辆抬高,以便维修人员能在车下以舒适的姿势工作。汽车举升机是汽车维修行业的常用工具,其产品性质和质量直接影响维修人员的人身安全。举升机在汽车维修养护中发挥着至关重要的作用,无论整车大修,还是小修保养,都离不开它。在规模各异的维修养护企业中,无论是维修多种车型的综合类修理厂,还是经营范围单一的街边店(如轮胎店),几乎都配备有举升机。

举升机一般可分为剪式、两柱、四柱三大类,如图3-2-1所示。按照功能可分为四轮定位型和平板式;按照占用的空间不同可分为地上式和地藏式。剪式举升机比两柱和四柱举升机最大的好处是不占用空间,方便使用;不足之处则是补油平衡要求很严格,而且需配备控制箱,造价较贵。

(a)剪式举升机　　(b)两柱式举升机　　(c)四柱式举升机

图 3-2-1　举升机

2. 安全检查

(1)检查举升机立柱的地脚螺栓是否出现丢失、损伤或松动。

(2)用力推主、副立柱的外侧,检查是否有松动。

(3)用手握住操纵手柄,竖直向上拉起,待调整齿和锁止齿分离且锁止齿的下端面高于挡块时,转动手柄90°,使锁止齿卡在挡块上。

(4)用手握住手柄上拉,使锁止齿与挡块分离,然后转动手柄90°,对齐锁止齿和调整齿,稍用力拉住手柄,使手柄在复位弹簧的作用下缓慢下行,直至锁止齿和调整齿可靠啮合,如图3-2-2所示。

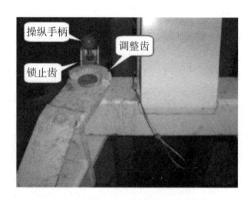

图 3-2-2　举升机安全检查

(5)用力摆动提升臂,检查锁止齿和调整齿的啮合间隙有无明显的松旷。

(6)解除提升臂的锁止,90°范围回转提升臂,检查提升臂转动是否平顺。

(7)锁止提升臂,上下方向扳动,检查提升臂与转轴之间是否有明显的松旷。

(8)将拉伸臂反复拉出、推入几次,检查其推拉是否轻便,如果阻力过大,涂抹适量润滑脂。使用工具旋入定位螺栓,抽拉臂应可靠固定。

(9)检查抽拉臂上的托垫橡胶是否老化、断裂,连接托垫与座轴的固定螺栓是否松动;座轴与承孔是否有较大的松旷。

(10)提升臂的长度不同,有短臂和长臂之分。两条短臂可以承载较大的质量,与车头方向一致,两条长臂承载质量要小一些,与车尾方向一致,如图3-2-3所示。

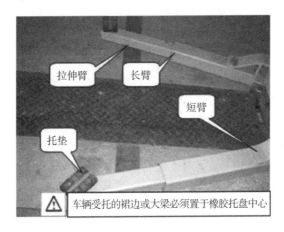

图3-2-3 举升机提升臂

(11)目测检查油箱、油缸和高压油管接头处是否有油迹、油滴等漏油现象。必要时,将钢索、高压油管的保护罩移开,检查遮挡的高压油管是否有损伤。

(12)用手点按电动开关,检查电动机是否转动,举升臂是否有提升响应。

3. 空载试验

(1)在安全检查均正常的前提下,才可以进行空载试验。

(2)按电动开关,使活塞杆伸出,张紧提升链条,直到两侧滑车同时响应为止。

(3)按住电动开关,滑车抬起举升臂缓慢上升,并伴随机械保险的撞击声,如图3-2-4所示。

图3-2-4 举升机电动开关

(4)检查主立柱上安装的高度限位器性能是否正常。

(5)举升臂达到目标高度后,断开电动开关,然后压下手动卸荷阀手柄,举升臂下降少许后停止,为正常。此时,油缸内的液压油压力被释放。滑车内的机械保险键落座(安全机构起作用),提升臂可靠锁止。

4. 举升车辆前准备及安全操作

举升机顶起车辆时,一般由两位维修技师配合完成,操作过程中将"安全"放在第一位。

(1)每种车型在设计上都考虑了车辆维护与保养时的顶起位置,举升机在此位置将车辆支撑起来,能够保证车辆的重心与举升机支撑臂的重心相近或重合,如图3-2-5所示,即使进行拆装作业,使车辆的质量重心发生偏移,但不会影响车辆在举升机上的稳定性。请同学们找出每种车型的支撑点位置。

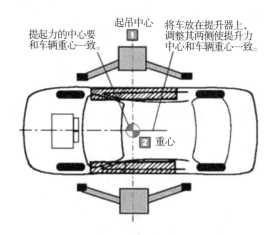

图3-2-5 车辆在举升机上顶起位置的选择

(2)安装车轮挡块,在剪式举升机操作平板上安装垫块,垫块尽量置于规定的顶起位置处,打开举升机操作平台上的电源开关,向上提升少许举升机,当垫块接近支撑部位但还没有接触时,认真检查顶起位置,确保垫块位置到位,如图3-2-6所示。

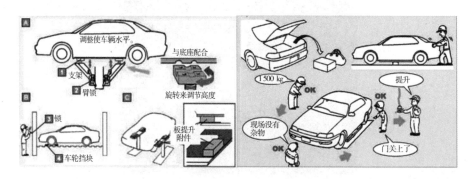

图3-2-6 车辆举升前操作流程

注意:两人互相配合,相互提示,动作协调一致,确认绝对安全后,举升机操作人员才能举升车辆。

(3)当车辆四轮离开地面20~30 mm时,应暂停举升,检查车辆稳定性。

(4)确认车辆稳定后,将车辆提升到维护作业需要的高度,维护作业之前一定要锁止举升机,并进行必要的车下地面卫生清理。

(5)维护作业完毕后,若要下降车辆,首先解除举升机锁止。

(6)车辆下降到低位后,若有如轮胎螺母紧固等作业项目,一定要注意车辆下降位置,使车轮与地面接触,同时车辆又不脱离与举升机垫块接触(举升机、车辆、地面处于半联动状态),如图3-2-7所示。

图3-2-7　车辆处于半联动状态

(7)若需将车辆举起,直接提升车辆到规定位置,然后将举升机锁止,可进行维护作业。

(8)维护作业操作完毕后,将车辆直接落到地面位置,使举升机与车辆脱离接触,移出垫块。

(9)关闭举升机电源,清理卫生,操作完毕。

5.举升机的使用要求和注意事项如下

(1)将所有的行李从车上搬出后提升空车。

(2)检查一下除支承部件外,没有其他部件在现场。

(3)切勿提升超过举升器提升极限的车辆。

(4)带有空气悬架的车辆因其结构关系需要特别处理。请参考维修手册说明。

(5)在提升车辆时切勿移动车辆。

(6)在拆除和更换大部件时要小心,因为汽车重心可能改变。

(7)切勿将车门打开提升车辆。

(8)如果在一段时间内未完成作业,则要把车放低一些。

项目四　汽车车身及电器设备保养与维护

任务一　车辆外部灯光的检查

一、任务目标

(1) 了解汽车外部照明系统主要组成部分。
(2) 了解汽车外部照明要求和结构。
(3) 掌握汽车外部灯光的维护保养步骤和方法。
(4) 能够两人合作,快速地对外部车灯进行检查。

二、能力要求

(1) 能熟练完成车辆外部灯光检查。
(2) 能与客户主动交流沟通,具有较强的语言交流与沟通能力。

三、任务内容

1. 车辆外部照明系统概述

汽车灯具按照功能功用划分,主要有两个种类:汽车照明灯和汽车信号灯。汽车照明灯按照其安装的位置及功用分为:前照灯、雾灯、牌照灯。汽车灯光信号灯分为:转向信号灯、危险报警灯、示宽灯、尾灯、制动灯、倒车灯、驻车灯。

1) 前照灯

汽车前照灯又叫前大灯,装于汽车头部两侧,用于夜间行车道路的照明,有两灯制和四灯制之分。每辆车安装2只或4只,装于外侧的一对为近、远光双光束灯,装于内侧的一对为远光单光束灯。如图4-1-1所示。

图 4-1-1　汽车前照灯

前照灯灯光光色为黄白色或白色,灯泡功率远光灯为 45～60 W,近光灯为 25～55 W。要求前照灯应能保证提供车前 100 m 以上路面明亮、均匀的照明,并且不应对迎面来车的驾驶员造成眩目。随着车速的不断提高,汽车上的前照灯的照明距离可达到 200～300 m。

2) 雾灯

雾灯安装于汽车的前部和后部。用于在雨雾天气行车时照明道路和为迎面来车及后面来车提供信号,如图 4-1-2 所示。前雾灯安装在前照灯附近,一般比前照灯的位置稍低,因为雾天能见度低,驾驶员视线受到限制。黄色和红色是穿透力最强的颜色,前雾灯光色为黄色,这是因为黄色光光波较长,具有良好的透雾性能,灯泡功率一般为 35 W。后雾灯采用单只时,应安装在车辆纵向平面的左侧,与制动灯间的距离应大于 100 mm,后雾灯灯光光色为红色,以警示尾随车辆保持安全距离,灯泡功率一般为 21 W。

(a) 前雾灯　　　　　　(b) 后雾灯

图 4-1-2　汽车雾灯

3) 倒车灯

倒车灯装于汽车尾部,用于倒车时汽车后方道路照明和警告其他车辆和行人,表示该车正在倒车,兼有灯光信号装置的功能。倒车灯光光色为白色,功率一般为 28 W。如图 4-1-3 所示。

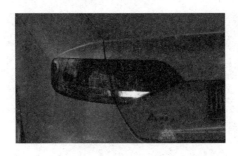

图4-1-3 汽车倒车灯

4)牌照灯

牌照灯用于照亮车辆牌照,要求夜间在车后20 m处能看清牌照号码。牌照灯装在汽车尾部牌照的上方或左右两侧,灯光光色为白色,灯泡功率为8～10 W。它没有单独的开关控制,受示宽灯或前照灯开关控制。按规定要求牌照灯必须与小灯采同一个开关控制。如图4-1-4所示。

图4-1-4 汽车牌照灯

5)转向信号灯

装于汽车前、后、左、右角,用于汽车转弯时发出明暗交替的闪光信号,使前后车辆、行人、交警知道其行驶方向。转向信号灯的灯光光色为琥珀色,灯泡功率一般为20 W。汽车转向信号灯的指示距离要求前、后转向信号灯白天距100 m以外可见,侧转向信号灯白天距30 m以外可见。转向信号灯的闪光频率应控制在1～2 Hz。如图4-1-5所示。

图4-1-5 汽车转向灯

6）危险报警信号灯

危险报警信号灯用于车辆遇到紧急危险情况时，同时点亮前、后、左、右转向灯以发出警告信号，与转向信号灯有相同的要求。如图4-1-6所示。

图4-1-6　汽车危险报警信号灯

7）制动灯

制动灯是指指示车辆的制动或减速信号。制动灯安装在车尾两侧，两个制动灯应与汽车的纵轴线对称并在同一高度上，制动灯灯光光色为红光，应保证白天距100 m以外可见。如图4-1-7所示。

图4-1-7　汽车制动灯

8）示廓灯

示廓灯安装在汽车前、后、左、右侧的边缘。用于夜间行驶时指示汽车宽度。用于汽车夜间行车时标志汽车的宽度和高度，因此也相应地被称为"示宽灯"和"示高灯"。示廓灯灯光标志在夜间300 m以外可见。前示廓灯的灯光光色为白色，后示廓灯的灯光光色多为红色，灯泡功率为8～10 W。如图4-1-8所示。

图 4-1-8　汽车示廓灯

9）驻车灯

驻车灯是在汽车配置有驻车灯的条件下，在临时停车熄火时对车辆、路人等周边环境起安全提醒作用的警示灯，以提示汽车位置。如图 4-1-9 所示。驻车灯开启时，单侧示宽灯会亮起，灯光强度较弱，尾灯同时亮起，起到安全提示作用。打开方式：夜间临时停车熄火时，扳动转向控制手柄至左转向或右转向，驻车灯效果开启。

图 4-1-9　汽车驻车灯

2. 前车灯的外部检查

1）检查前驻车灯

（1）前右驻车灯。

车外人员：立正，左臂向左侧平伸，左手指向车灯侧，如图 4-1-10 所示。

车内人员：点火钥匙关闭，向上拨转向灯开关。

（2）前左驻车灯。

车外人员：立正，右臂向右侧平伸，右手指向车灯侧，如图 4-1-11 所示。

车内人员：点火钥匙关闭，向下拨转向灯开关。

项目四 汽车车身及电器设备保养与维护

图4-1-10 右前驻车灯检查　　　图4-1-11 左前驻车灯检查

2）检查前示宽灯

车外人员：立正，双臂向两边平张，手掌向内侧，如图4-1-12所示。

车内人员：将灯管控制开关旋转一挡，同时观察仪表盘灯是否发光。

图4-1-12 示宽灯检查

3）检查前大灯

（1）检查近光灯。

车外人员：立正，双臂向前伸直，手掌向下，如图4-1-13所示。

车内人员：将灯光控制开关旋转到大灯挡位。

图4-1-13 近光灯检查

(2)检查远光灯。

车外人员:立正,双臂平行抬起,手掌向上,手指向后,如图4-1-14所示。

车内人员:将灯光控制开关旋转到大灯挡位,并垂直方向盘向下扳动转向灯组合开关。

图4-1-14 远光灯检查

(3)检查超车灯(闪光灯)。

车外人员:双手上举,五指并紧,手心向后,震动一次,同时观察大灯远、近光是否开闭,如图4-1-15所示。

车内人员:关闭灯光控制开关,并垂直方向盘向上扳动转向灯组合开关。

图4-1-15 超车灯检查

4)检查前雾灯

车外人员:立正,双臂平行向前伸直,双手握起,拇指向下,如图4-1-16所示。

车内人员:打开雾灯开关。

图4-1-16 前雾灯检查

5)检查前转向灯

(1)检查前右转向灯。

车外人员:立正,左臂向左伸直,手掌向下,四指和拇指闪烁指示动作,如图4-1-17所示。

车内人员:转向灯组合开关平行方向盘向下扳动。

图4-1-17 前右转向灯检查

(2)检查前左转向灯。

车外人员:立正,右臂向右伸直,手掌向下,四指和拇指闪烁指示动作,如图4-1-18所示。

车内人员:转向灯控制开关平行方向盘向下扳动。

图4-1-18 前左转向灯检查

6)检查前安全警告灯

车外人员:立正,双臂向两边平张,手掌向下,四指和拇指闪烁指示动作,如图4-1-19所示。

车内人员:按下危险警告灯开关,仪表板中左右转向应该同时闪烁。

图4-1-19 前安全警告灯检查

7)检查后驻车灯

(1)后右驻车灯。

车外人员:立正,右臂向右侧平伸,右手指向车灯侧,如图4-1-20所示。

车内人员:点火钥匙关闭,向上拨转向灯开关。

图4-1-20　后右驻车灯检查

(2)后左驻车灯。

车外人员:立正,左臂向左侧平伸,左手指向车灯侧,如图4-1-21所示。

车内人员:点火钥匙关闭,向下拨转向灯开关。

图4-1-21　后左驻车灯检查

8)检查后示宽灯

车外人员:立正,双臂向两边平张,手掌向内侧,如图4-1-22所示。

车内人员:将灯光控制开关旋转一挡,同时观察仪表盘灯是否发光。

图4-1-22 后示宽灯检查

9)检查后雾灯

车外人员:立正,双臂平行向前伸直,双手握起,拇指向下,如图4-1-23所示。

车内人员:打开雾灯开关。

图4-1-23 后雾灯检查

10)检查后转向灯

(1)检查后右转向灯。

车外人员:立正,右臂向右伸直,手掌向下,四指和拇指闪烁指示动作,如图4-1-24所示。

车内人员:转向灯组合开关平行方向盘向上扳动。

图4-1-24 后右转向灯检查

(2)检查后左转向灯。

车外人员:立正,左臂向左伸直,手掌向下,四指和拇指闪烁指示动作,如图4-1-25所示。

车内人员:转向灯控制开关平行方向盘向下扳动。

图4-1-25 后左转向灯检查

11)检查后安全警告灯

车外人员:立正,双臂向两边平张,手掌向下,四指和拇指闪烁指示动作,如图 4-1-26 所示。

车内人员:按下危险警告灯开关,仪表板中左右转向应该同时闪烁。

图 4-1-26 后安全警告灯检查

12)检查后刹车灯

车外人员:立正,双手平行向前,手掌向下,如图 4-1-27 所示。

车内人员:脚踩刹车。

图 4-1-27 后刹车灯检查

13)检查倒车灯

车外人员:立正,双臂平行抬起,手掌向上,手指向后,如图 4-1-28 所示。

车内人员:将换挡手柄挂入倒挡。

图 4-1-28 倒车灯检查

14)检查倒车雷达和牌照灯

车外人员:检查倒车雷达及牌照灯工作是否正常,正常举起右手做 OK 动作,如图 4-1-29 所示。

车内人员:将换挡手柄挂入倒挡,并开启示宽灯。

图 4-1-29 倒车雷达和牌照灯检查

▶ 任务二　车辆内部用电器检查

一、任务目标

(1)了解汽车内部用电器主要组成部分。
(2)掌握汽车内部用电器的维护保养步骤和方法。
(3)能够单人快速地对外部车灯进行检查。

二、能力要求

(1)能熟练完成车辆内部用电器检查。
(2)能与客户主动交流沟通,具有较强的语言交流与沟通能力。

三、任务内容

1. 检查汽车室内电器

1)检查阅读灯

关闭点火开关,打开阅读灯,观察是否点亮,如图4-2-1所示。

图4-2-1　阅读灯检查

2)检查门边灯

关闭点火开关,依次打开各个车门。观察各车门下端车门灯是否发亮,同时室内阅读灯是否点亮,关上车门,两灯全灭,如图4-2-2所示。

图4-2-2 门边灯

3)检查行李厢灯

关闭点火开关,打开行李厢,观察行李厢顶部照明灯是否发亮,如图4-2-3所示。

图4-2-3 行李厢灯

4)检查杂物箱灯

关闭点火开关,打开杂物箱,观察杂物箱灯是否发亮,如图4-2-4所示。

图4-2-4 杂物箱灯

5）检查化妆镜灯

关闭点火开关，翻下主、副驾驶遮阳板，打开化妆镜盖板，观察灯泡是否点亮，如图4-2-5所示。

图4-2-5　化妆镜灯

6）检查组合仪表指示灯

打开点火开关，观察仪表盘上各个指示灯的状态，均应正常，如图4-2-6所示。

图4-2-6　组合仪表指示灯

7）检查电动座椅调节

关闭点火开关，操纵座椅调节开关，检查座椅调节功能是否正常，如图4-2-7所示。

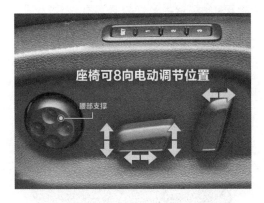

图4-2-7　电动座椅调节按钮

8)检查汽车喇叭

打开点火开关,在方向盘中部按喇叭垫,确保其发声,喇叭的音量应适当,如图4-2-8所示。

图4-2-8 按喇叭

9)检查风挡清洗功能及雨刮器

(1)风挡清洗功能检查。

向上拉动洗涤器、雨刮器开关,如图4-2-9所示。观察洗涤器喷射位置和喷射压力,同时检查雨刮器片的联动工作状况。

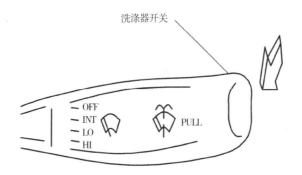

图4-2-9 洗涤器开关操作

若洗涤器喷射位置不当,可用与喷射孔相当的铁丝,调整喷射位置,使喷洒的玻璃水落在刮水范围的中间,如图4-2-10所示。

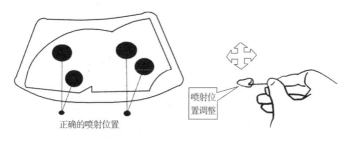

图4-2-10 洗涤器喷射位置检查与调整

(2)雨刮器的检查。

雨刮器检查必须在洗涤器检查之后进行。

思考：若先检查雨刮器然后检查洗涤器，会有什么后果？

雨刮器各挡位的操作顺序，如图4-2-11所示。

图4-2-11 雨刮器的检查及各挡位操作顺序

①检查雨刮器低速刮拭功能：将雨刮器开关置于低速挡位置，检查雨刮器摆动状况。在检查雨刮器时，必须启动发动机，以提供足够电量。启动发动机前，应该大声询问车外是否安全，外面学生确认安全后喊"车前无障碍物，可以启动"以确保安全。在检查雨刮器前，应先向风窗玻璃上喷水，防止雨刮片干刮。

②检查雨刮器高速刮拭功能：将雨刮器开关置于高速挡位置，检查雨刮器摆动状况。

③检查雨刮器间隙刮拭功能：将雨刮器开关置于间歇挡位置，检查雨刮器摆动状况。

④检查雨刮器喷水联动功能：将雨刮器开关置于喷水挡位置，检查雨刮器摆动和喷水状况。将雨刮器开关向驾驶员方向按压片刻，应有水喷出。但由于喷水管路中无水，可能出水会延迟，但延迟时间不宜过久。

⑤检查停止位置：关闭雨刮器开关，观察雨刮器是否自动停止在固定位置，关闭雨刮器开关后，雨刮器还会工作，所以不能马上关闭发动机。

⑥检查刮拭状况：雨刮器停止后，检查刮拭效果是否存在条纹式刮拭痕迹。

⑦检查雨刮片是否失效或老化：如果发现雨刮片老化，及时征求客户后进行更换，如图4-2-12所示。

图4-2-12 检查雨刮片

10) 检查汽车空调

开启汽车空调,用红外线测温枪检查汽车制热、制冷效果,并检查出风口风量大小调节,如图 4-2-13、图 4-2-14 所示。

图 4-2-13 红外线测温枪

图 4-2-14 空调出风口

11) 检查汽车多媒体

现在汽车多媒体娱乐系统越来越丰富,在汽车检查时就要对多媒体娱乐系统进行检查,主要包括:收音机、Carplay 系统、Carlife 系统等,如图 4-2-15 所示。

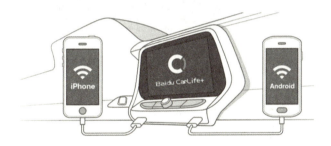

图 4-2-15 Carlife 系统

任务三 车身检查

一、任务目标

(1) 了解汽车车身主要组成部分。
(2) 掌握车身的维护保养步骤和方法。

二、能力要求

(1) 能熟练完成车身检查。

(2)能与客户主动交流沟通,具有较强的语言交流与沟通能力。

三、任务内容

1. 安全带检查

(1)检查安全带慢拉时能顺利拉动,如图4-3-1所示。

(2)检查安全带瞬间受力时能自动锁住。

(3)检查安全带铰链及锁扣是否牢固。

图4-3-1 安全带检查

2. 汽车加油口盖的检查

油箱内外气压的平衡是确保供油系统正常工作的前提,加油口盖状况检查是非常必要的。

1)加油口盖板连接状况检查

上下晃动加油口盖板,检查加油口盖板是否出现连接松动,如图4-3-2所示。

图4-3-2 加油口盖板连接状况检查

2)加油口盖性能检查

(1)拧下加油口盖,检查加油口盖上密封垫片状况,如图4-3-3所示。

(2)检查加油口盖上真空阀是否锈蚀。

(3)将加油口盖拧紧后,检查力矩限制器是否工作正常(发出"咔哒"响声,且加油口盖能转动)。

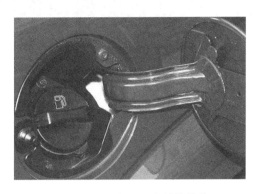

图4-3-3 加油口密封垫检查

3.行李厢检查

打开行李厢,检查行李厢,检查行李厢盖与铰链之间的连接状况,也可以用扳手紧固其连接螺栓来判断是否松动,如图4-3-4所示。

图4-3-4 后行李厢连接状况检查

项目五　汽车发动机舱内的保养与维护

▶ 任务一　车辆防护、发动机室检查

一、任务目标

(1)掌握汽车二级维护作业中车辆防护的主要内容。

(2)掌握车辆启动前发动机室内的检查项目。

二、能力要求

(1)能熟练完成车辆防护作业、发动机室检查。

(2)能与客户主动交流沟通,具有较强的语言交流与沟通能力。

三、任务内容

汽车二级维护作业车辆防护是车辆防护作业,可以确保汽车维护作业的安全性和规范性,是汽车维护作业顺利实施的前提和保障。

1.前期准备工作

(1)将车轮挡块施加于两后轮。

(2)安装尾气排放管,如图5-1-1所示。

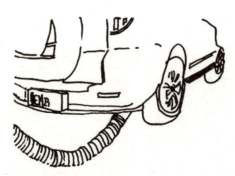

图5-1-1　安装尾气排放管

2. 汽车内部防护

(1)用遥控器打开车门,将点火开关置于 ON 位置,降下两侧前车门玻璃,再将点火开关置于 OFF 位置,如图 5-1-2 所示。

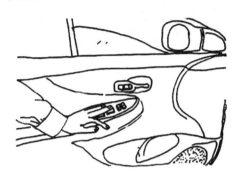

图 5-1-2　检查前降下两侧前车门玻璃

思考:为什么作业过程中前车门玻璃要始终保持敞开位置?

(2)安装座椅套、方向盘套、脚垫、变速器手柄套,如图 5-1-3 所示。

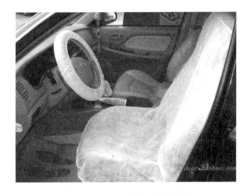

图 5-1-3　车辆室内防护

(3)拉开发动机舱释放杆。

3. 车辆外部防护

(1)将发动机舱盖支起,如图 5-1-4 所示。

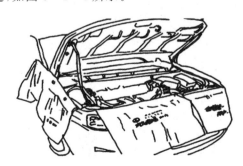

图 5-1-4　支起发动机舱盖

(2)安装翼子板防护布、前格栅防护布,如图 5-1-5 所示。

图 5-1-5 车辆外部防护

任务二 前风窗玻璃排水孔检查

一、任务目标

检查、清洁前风窗玻璃落水槽排水孔,使之保持畅通。

二、能力要求

(1)能熟练完成清洁前风窗玻璃落水槽排水孔。
(2)能与客户主动交流沟通,具有较强的语言交流与沟通能力。

三、任务内容

(1)找出前风窗玻璃落水槽排水孔位置,如图 5-2-1 所示。

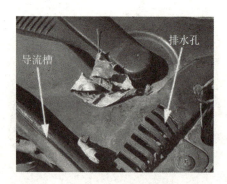

图 5-2-1 前风窗玻璃落水槽排水孔位置

(2)使用棉纱清洁前风窗玻璃落水槽及排水孔,如图5-2-2所示。

图5-2-2　清洁前风窗玻璃落水槽及排水孔

如果前风窗玻璃落水槽排水孔堵塞,水就无法从汽车底盘排出,会引起水流倒灌入驾驶室;若发现驾驶室地毯潮湿,有可能发生如上故障;同时,也有可能导致线路短路等故障。

任务三　蓄电池检查

一、任务目标

检查蓄电池的状况,需要时进行充电、补液。

二、能力要求

(1)用专用工具检查蓄电池状况。
(2)观察正负极连接是否牢固。
(3)观察电眼颜色的变化情况。
(4)能与客户主动交流沟通,具有较强的语言交流与沟通能力。

三、任务内容

1. 蓄电池检查

如要检查蓄电池的状况,需用专用工具检查蓄电池状况,如图5-3-1所示,需要时进行充电、补液。

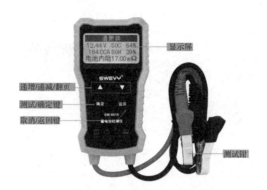

图5-3-1 检查蓄电池专用工具

蓄电池是电池中的一种,它的作用是把有限的电能储存起来,在需要时使用;它的工作原理是把化学能转化为电能,使车辆顺利启动,并在发电机不工作时给车辆上的用电设备供电。检查蓄电池的方法如下。

(1)准备工具:扭力扳手(5~60 N·m)(如图5-3-2所示);专用工具蓄电池测试仪。

图5-3-2 扭力板手

(2)观察蓄电池电眼三个挡位,如图5-3-3所示,绿色正常,黑色需充电,白色需更换。

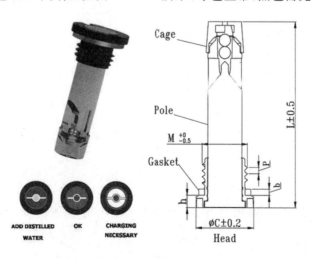

图5-3-3 电眼挡位

(3)检查蓄电池外壳是否损坏。

(4)检查接线柱是否损坏,如图5-3-4所示。

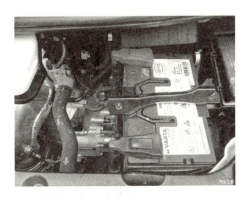

图5-3-4 检查蓄电池接线柱

(5)检查接线柱是否松动,拧紧力矩为5 N·m。

2.注意事项

(1)蓄电池接线柱上不得涂抹机油。

(2)如果蓄电池正极安装不牢固,必须首先断开负极上的蓄电池连接。用5 N·m的力矩将负极螺栓拧紧。如果负极松动,直接用5 N·m力矩拧紧。如果蓄电池接线柱安装不牢固,将严重缩短蓄电池的使用寿命,可能引起极桩损坏,严重的将导致电解液泄漏、影响行驶安全。

(3)当蓄电池重新连接后,必须对节气门、时钟进行重新设置。

任务四 发动机舱内液体检查

一、任务目标

(1)熟记发动机舱内各种液体。

(2)熟练检查发动机冷却液。

(3)熟练检查转向助力油。

(4)熟练检查制动液。

二、能力要求

(1)熟练对发动舱内各种液体进行检查。

(2)能与客户主动交流沟通,具有较强的语言交流与沟通能力。

三、任务内容

1. 冷却液的检查

防冻液是一种含有特殊添加剂的冷却液,主要用于液冷式发动机冷却系统。防冻液具有冬天防冻、夏天防沸、全年防水垢、防腐蚀等优良性能,检查冷却系统操作流程如下。

(1)使用干净棉纱擦去膨胀水壶刻度线附近的污垢,如图5-4-1所示。

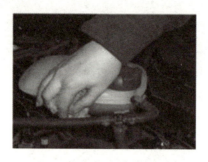

图5-4-1 擦拭膨胀水壶

(2)检查冷却液液位,液面应位于min与max之间,如图5-4-2所示。

图5-4-2 检查冷却液液位

(3)检查水管有无泄漏,如图5-4-3所示。

图5-4-3 检查水管有无泄漏

(4)注意事项。

①检查冷却液时,冷却系统应处于冷态。

②热态时系统内有高压,突然打开膨胀水壶会引起高温蒸汽喷出,引发事故。如要打开膨胀水壶则必须先打开一半,让大气压与膨胀水壶内压力相等才能继续打开,如图5-4-4所示。

图 5-4-4　打开膨胀水壶

③很多驾驶员习惯于冬天使用防冻液,夏天改用自来水,以为这样比较经济划算,其实不然。防止结冰,防止缸体、散热器冻裂只是防冻液最基本的功能;防冻液还有其他重要功能,如防沸、防水垢、防腐蚀等。夏天使用防冻液可有效地阻止水箱"开锅",全年使用防冻液可阻止水冷系统结水垢,抑制各种金属的腐蚀。

2. 转向助力油的检查

助力转向是协助驾驶员作汽车方向调整,为驾驶员减轻旋转方向盘的用力强度;在汽车行驶的安全性、经济性上也有一定的作用。检查助力转向系统的操作流程如下。

(1)找到助力液罐的位置,如图5-4-5所示。

图 5-4-5　助力液罐位置

(2)使用干净棉纱擦去刻度线附近的污垢;检测液位高度,如图5-4-6所示。

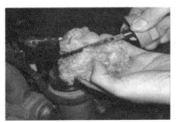

图 5-4-6　检测液位高度

(3)不足时应加注助力液至标准位置。

(4)注意事项。

①启动发动机,检查液位下降情况,随时加注至标准位置。

②检查时应将方向盘左右转至极限位置,瞬间停留,以产生最高压力。

3. 制动液的检查

制动系统是汽车上用以使外界(主要是路面)在汽车某些部分(主要是车轮)施加一定的力,从而对其进行一定程度的强制制动的一系列专门装置。其作用是使行驶中的汽车按照驾驶员的要求进行强制减速甚至停车;使已停驶的汽车在各种路况下(包括在坡道上)稳定驻车;使下坡行驶的汽车速度保持稳定。检查制动系统的操作流程如下。

制动系统是靠液压控制的,如果系统内部有空气,那么驾驶员踩动制动踏板时有部分制动力会消耗在空气被压缩的过程中,引起制动力下降,严重影响驾驶的安全性能。如果系统内有空气,表现在踩下制动踏板时感觉制动踏板有弹性,这就是系统内空气被压缩的表现。

1)检查制动液

(1)找到制动储液罐的位置并找出刻度线。

(2)使用干净棉纱擦去刻度线附近污垢,如图5-4-7所示。

(3)检查制动液液位,液面应位于min与max之间,如图5-4-8所示。

图5-4-7 擦拭刻度线

图5-4-8 检查制动液液位

2)制动液的使用

制动液不能与汽油、机油、清洁剂混合;制动液有毒,对油漆有强烈腐蚀性;制动液有吸湿性,必须密封储藏;使用过的制动液不能再次使用。

制动系统是靠液压控制的,如果系统内部有空气,那么驾驶员踩动制动踏板时有部分制动力会消耗在空气被压缩的过程中,引起制动力下降,严重影响驾驶的安全性能。如果系统内有空气,表现在踩下制动踏板时感觉制动踏板有弹性,这就是系统内空气被压缩的表现。

任务五　空气滤清器的检查与更换

一、任务目标

空气滤清器的罩壳和滤芯的检查、清洁、拆装。

二、能力要求

(1)掌握空气滤清器对于汽车保养的重要性。
(2)掌握空气滤清器的安装位置与清洁方法。

三、任务内容

空气滤清器是用于清除空气中的微粒杂质的装置。活塞式机械内燃机、往复压缩机等机械工作时,如果吸入含有灰尘等杂质的空气将加剧零件的磨损,所以必须用滤清器过滤空气。更换周期:根据具体行车环境,建议 10 000～15 000 km 更换空气滤清器芯一次。

1. 操作方法

(1)准备工具、高压气枪和新的空气滤芯。
(2)松开 4 个卡箍,并取下盖板,如图 5-5-1 所示。

图 5-5-1　松开空气滤清器盖板

(3)取出旧的滤芯,如图 5-5-2 所示。

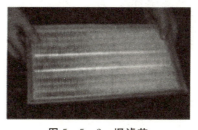

图 5-5-2　旧滤芯

(4)清洁滤清器外壳并安装新的滤芯。

2.注意事项

严格遵守废弃物的处理规定。

任务六 发动机传动带检查

一、任务目标

熟练检查发动机传动带。

二、能力要求

(1)掌握发动机传动带常识。
(2)掌握发动机传动带的安装位置与清洁方法。

三、任务内容

1.传动带损伤状况检查

检查传动带是否有变形、裂纹、脱层等损伤,若出现上述情况,应更换新传动带,如图5-6-1所示。

图5-6-1 传动带损伤状况检查

2.传动带张紧力检查

(1)用传动带张紧力测量计检测,如图5-6-2所示。

项目五　汽车发动机舱内的保养与维护

图 5-6-2　传动带张紧力测量方法

(2)用经验方法检查,在传动带中间施加 40 N 的压力,通过检查其变形量,判断传动带的张紧力大小,如图 5-6-3 所示。

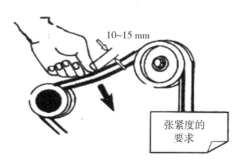

图 5-6-3　传动带张紧力测量方法

3. 传动带张紧力调整

(1)通过张紧力手动调整装置,实现传动带张紧力调整,如图 5-6-4 所示。

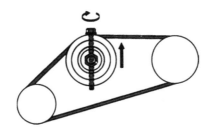

图 5-6-4　传动带张紧力调整

(2)通过张紧力自动调整装置,实现张紧力的自动调整,如图5-6-5所示。

图5-6-5　自动调整装置张紧力自动调整

(3)对于张紧力自动调整式传动带,在使用过程中,传动带会逐渐变松,张紧力调整装置超出调整极限时,传动带张紧力将无法调整,此时,当发动机转速提升较快时,传动带就会出现打滑现象,发出尖锐的摩擦声,此时要注意应及时更换传动带。

任务七　机油、机油滤清器更换

一、任务目标

熟练更换机油、机油滤清器。

二、能力要求

(1)发动机机油更换(不经常使用的车辆建议每6个月更换一次)。

(2)机油滤清器更换。

三、任务内容

机油,即发动机润滑油,被誉为汽车的"血液",对发动机起到润滑、清洁、冷却、密封、减磨等作用,正确使用机油在整个汽车保养过程中将发挥至关重要的作用。检查、更换机油的操作流程如下。

(1)准备工作。

①扭力扳手;

②机油收集车,如图5-7-1所示;

项目五 汽车发动机舱内的保养与维护

图 5-7-1 机油收集车

③干净棉纱和手套；

④新的排放螺钉、垫片和机油滤清器。

(2)将发动机启动并预热到正常温度,旋开发动机加机油盖并放置在加注口处,在旋开发动机加机油盖时要防止异物进入加注口。

(3)按举升机安全操作规程将汽车举升至合适位置。

①检查机油排放螺栓处有无漏油,如果存在漏油现象,则必须检查、排除故障后方能继续操作；

②拧下机油排放螺栓时,小心不要烫伤,不要让机油溅出收集装置；

③等机油排放干净后装上新的机油排放螺栓与垫片；

④拆卸机油滤清器,如图 5-7-2 所示；

图 5-7-2 机油滤清器

⑤更换新机油滤清器(用手拧紧后再用专用工具紧固 3/4 圈)。

(4)注意事项。

①在新的滤清器密封件上涂些油脂,使之拧上后产生最佳的密封效果,如图 5-7-3 所示。

图 5-7-3 涂油脂

②启动发动机,检查是否泄漏。
③添加机油后至少等待 5 min,然后检查机油油位。
④应遵守废机油处理的规定。
⑤排放机油时应时刻注意滴落在地上的机油,并及时清理。
⑥更换后要清洁发动机缸体上的结合面。

任务八　发动机正时带检查与更换

一、任务目标

(1)掌握车辆道路检查的主要目的。
(2)掌握车辆道路检查的主要操作项目。

二、能力要求

能独自完成发动机正时带的检查与更换。

三、任务内容

1. 正时齿形带检查

正时齿形带将曲柄连杆机构和配气机构联系在一起,确保了配气机构有确定的配气相位关系。

1)正时齿形带使用状况检查

(1)拆下齿形带护罩。
(2)观察齿形带是否存在裂纹、掉齿、齿部脱开及齿侧面磨损等现象,如图 5-8-1 所示。

图 5-8-1 正时带使用状况检查

2）正时齿形带检查周期

（1）一般为车辆每行驶 20 000 km 检查一次。

（2）具体检查周期以维修手册上规定的检查期限为准。

2. 正时齿形带预紧度检查与调整

（1）正时齿形带预紧度检查。

用拇指和食指捏住凸轮轴齿轮和中间齿轮之间的齿形带位置,以刚好转动齿形带 90°为宜,如图 5-8-2 所示。

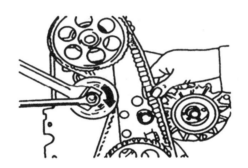

图 5-8-2 正时齿形带预紧度检查

（2）正时齿形带预紧度调整。

通过预紧度调整装置调整齿形带预紧度,当达到标准时,锁紧调整装置,将齿形带护罩安装好,如图 5-8-3 所示。

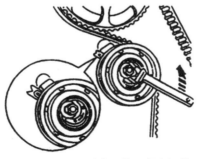

图 5-8-3 正时齿形带预紧度调整

3. 正时齿形带更换操作

(1)拆下正时齿形带护罩。

(2)转动发动机曲轴,使一缸上止点记号和凸轮轴记号都对正标记。

(3)松开齿形带预紧力调整装置,取下旧的正时齿形带。

(4)安装新的正时齿形带,按标准调整好正时齿形带的预紧度。

(5)转动发动机曲轴至少720°,确认第一缸压缩上止点记号和凸轮轴记号都对正标记,再次检查正时齿形带预紧度。

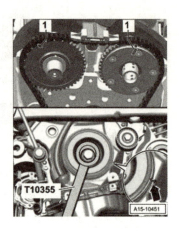

图5-8-4　正时齿形带更换时记号的对准

(6)确认正时齿形带预紧装置的安装情况,装好正时齿形带护罩,如图5-8-4所示。

4. 发动机正时齿形带

(1)正时齿形带更换周期一般为60 000～100 000 km,具体车型以厂家规定的更换周期为准。

(2)若正时齿形带到了规定的更换周期,经检查正时齿形带使用状况良好,也必须更换新正时齿形带。

(3)对于正时齿形带预紧力自动调整式结构的发动机,曲轴顺时针转动时,该装置自动预紧正时齿形带,而曲轴逆时针转动时预紧力调整装置不起作用。在维修作业时,若逆时针转动曲轴,会引起正时齿形带变松,甚至发生跳齿,因此,禁止逆时针转动曲轴。

任务九　冷却液更换及冷却系统重要部件检查

一、任务目标

(1)掌握冷却液更换的操作项目。

(2)掌握冷却系统重要部件检查的操作项目。

二、能力要求

能独自完成冷却液更换及冷却系统重要部件检查。

三、任务内容

1. 冷却液更换

(1) 冷却系统卸压处理。

① 车辆发动机停转至少 10 min 以上,确保冷却液温度充分降低。

② 用厚的垫布压在散热器盖上,用手先逆时针转动 45°,放出冷却系统内的蒸汽,再转动 45°,拧下散热器盖。

(2) 将车辆提升到高位,拧开散热器和机体上的放水开关,用洗油盆收集冷却液,为保护环境,冷却液按工业废水处理。

(3) 将清水加入冷却系统中,反复清洗几次,发动机每次运行 10 min 以上,冷却系统清洗干净后,将冷却系统的水全部放出,如图 5-9-1 所示。

图 5-9-1　冷却液更换位置

(4) 加入符合该车规定型号的冷却液,拧紧水箱盖。若为补偿水箱式结构,应将补偿水箱内的冷却液全部抽出,按标线加入新的冷却液。

2. 冷却液的定期更换

(1) 冷却液随着使用时间的增长,会出现冰点升高、沸点降低、变浑浊、腐蚀性增强等现象,且会在冷却系统通道内产生水垢,影响正常的散热性能,因此应按照维修手册要求定期更换冷却液。

(2) 冷却液更换周期为 40 000 km 或两年,如图 5-9-2 所示。

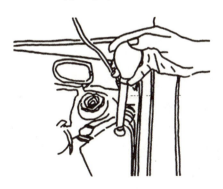

图 5-9-2　抽出膨胀水箱冷却液

任务十　燃油滤清器更换与供油压力检测

一、任务目标

(1)掌握汽油机燃油滤清器更换的操作项目。
(2)掌握汽油机燃油系统供油压力检测的操作项目。

二、能力要求

能独自完成燃油滤清器更换与供油压力检测。

三、任务内容

燃油滤清器可以过滤燃油中的杂质和水分,为确保供油系统的正常工作,定期更换燃油滤清器非常必要。

1. 供油系统卸压处理

将发动机熄火,拔下油泵继电器(或油泵电动机供电导线插头),运行发动机,直到供油轨中燃油因供油压力降低停止喷射,发动机熄火。再次尝试启动发动机,并确认不能启动。

2. 更换燃油滤清器更换

(1)燃油滤清器外置式(一般装在车下)。

①将车辆安全举升到最高位置,拆下旧燃油滤清器,如图 5-10-1 所示。

图 5-10-1　拆下燃油滤清器

②更换新滤清器,注意滤清器的安装方向,如图 5-10-2 所示。

图 5-10-2　注意燃油滤清器的安装方向

③将车辆降至最低位置,装上油泵继电器(或连接油泵电动机供电导线插头),运行发动机 2~3 min 后,将车辆升至最高位置,观察燃油滤清器油管接头处是否渗漏。

(2)燃油滤清器内置式(在油箱内部)。

①拆下后排座椅,拆下与燃油滤清器总成相连接的油管和导线,将燃油滤清器及油泵总成取出。

②操作过程中,注意保护油泵和燃油量传感器。

③安装油泵总成后,连接好管路及导线,启动发动机运行 2~3 min,确认油管和导线的连接状况,装好后排座椅,燃油滤清器更换操作完毕。

燃油滤清器更换周期一般为 25 000~30 000 km。

3. 燃油压力检测

(1)对燃油系统卸压后,从供油压力检测接口处安装压力表,如图 5-10-3 所示。

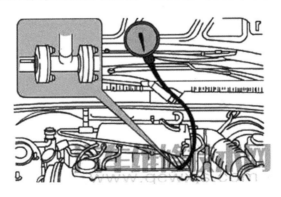

图 5-10-3　燃油压力表的接入

(2)启动发动机运行,检测燃油供给系统压力。

①发动机怠速运行时的燃油压力一般为 0.25 MPa 左右。

②逐渐提升发动机转速,观察此时的燃油压力,节气门全开时的燃油压力一般为 0.30 MPa

左右。

③发动机怠速运行,将油压调节器上的真空软管拔下,测量燃油压力值。

④单向阀的密封性检测:发动机熄火后保持 5 min,燃油压力降低不大于 50 kPa。

(3)燃油压力检测完毕后,需对供油系统卸压处理,然后取下燃油压力表,并确认检测接口处是否存在渗漏。

4. 供油压力检测

(1)在发动机排除故障作业过程中,有时需要检测燃油系统的供油压力。

(2)不同类型的发动机,燃油供给压力标准不同,以维修资料为准。

(3)发动机供油压力与进气歧管之间要保持恒定的压力差,发动机工作时,随着节气门逐渐打开,节气门后方的压力也逐渐升高。因此,随着节气门开度增大,供油系统的压力也会逐渐增大。

▶ 任务十一　节气门体清洗及匹配

一、任务目标

(1)掌握节气门体清洗。

(2)掌握节气门体匹配。

二、能力要求

能独自完成节气门体清洗及匹配。

三、任务内容

1. 节气门体清洗

(1)节气门体清洗后,有时出现发动机怠速过高现象,这是由于怠速通道内灰尘清理后,进气量增多所致。若出现这种情况,不要急于调整,控制计算机会慢慢恢复正常怠速。

(2)若怠速不能自动恢复到正常值,可用智能故障分析仪进行怠速归位处理。

2. 节气门体的清洗步骤

(1)从进气歧管上拆下节气门体。

注意:一般节气门体与冷却系统管道连接,拆卸前,首先要对冷却系统进行卸压操作,卸压完毕后,将散热器盖拧紧,然后拆下冷却管道。

（2）用化油器清洗剂对节气门体进行清洗，如图 5-11-1 所示。

图 5-11-1　节气门体的清洗

①带怠速旁通道式节气门体，除认真清洗节气门处积碳外，还要将怠速调整电磁阀拆下，将旁通道清洗干净。

②无怠速旁通道式节气门体，把节气门及与节气门相接处的通道壁清洗干净。

③节气门体清洗后，检查节气门与节气门体处的密封性、节气门回位状况等。

④将节气门体安装在进气歧管上，启动发动机运行，观察是否存在漏气、漏液等状况。

⑤发动机运行 3 min 左右熄火，调整冷却系统液面到规定值。

任务十二　变速器油液检查与更换

一、任务目标

（1）掌握变速器油液检查。

（2）掌握变速器油液更换。

二、能力要求

能独自完成变速器油液检查与更换。

三、任务内容

手动变速器使用的润滑油为齿轮油，随着使用时间的增长，会逐渐变质、润滑性能变差，因此，定期更换齿轮油非常必要。

1. 齿轮油

(1)齿轮油用于变速器、差速器、手动转向机等部件的润滑。

(2)齿轮油按 API 质量等级分为 GL-1、GL-2、GL-3(低等负荷用油)、GL-4(中等负荷用油)、GL-5(高等负荷用油)等,现在常用后三种。

(3)齿轮油按 SAE 黏度分为 75W、80W、85W、90W 和 140W 等,分别适用于最低气温为 -40 ℃、-20 ℃、-12 ℃、-10 ℃、10 ℃ 的地区。号数越大,黏度越高。在汽车中实际使用的齿轮油为多黏度级别齿轮油,即一年四季通用型,常用 75W/90、80W/90、85W/90 等几种型号。

(4)齿轮油的更换周期为 30 000~40 000 km 或两年,具体以厂家规定的更换周期为准。

2. 手动变速器齿轮油的检查

(1)将车辆举升至最高位置。

(2)清除加油口周围的污渍,拧下加油塞,要求齿轮油液面与加油口下边缘齐平,或将手指插入加油口能探到油面为准,如图 5-12-1 所示。

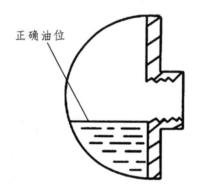

图 5-12-1 变速器齿轮油液面检查

(3)取出少许齿轮油,观察油液是否出现颜色变深、浑浊现象,是否有金属屑等;闻一闻气味,要求齿轮油不得有烧焦的异味。

(4)按规定力矩拧紧加油螺塞。

3. 手动变速器齿轮油的更换

①将车辆举升至最高位置。

②拧下加油螺塞,再拆下放油螺塞,用废油收集器收集齿轮油。

③检查放油螺塞上是否吸附金属屑,清理后将螺栓按规定力矩拧紧。

④用齿轮油加注器将齿轮油加注到与加油口齐平位置,如图 5-12-2 所示。

项目五 汽车发动机舱内的保养与维护

图 5-12-2 加注齿轮油

4. 自动变速器油(ATF)

(1)自动变速器油用于自动变速器内的润滑及动力传递,并用于液压助力转向系统。

(2)自动变速器油主要型号有 D-Ⅱ、T-Ⅳ 两种,为浅红色液体。

(3)自动变速器油的检查周期为 40 000 km 或两年;更换周期为 80 000 km 或四年。具体更换时间以厂家规定的周期为准。

5. 自动变速器油更换

(1)车辆升至最高位置,将自动变速器放液螺塞拧下,放出油液后,再将放液螺塞拧紧。

(2)车辆下降至低位后,将自动变速器油按标尺加注到规定位置,然后启动车辆并预热自动变速器油 10 min 左右,其间不断变换变速杆位置,使油液得到充分循环,如图 5-12-3 所示。

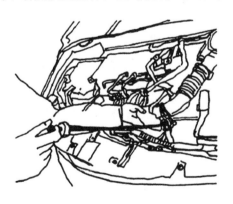

图 5-12-3 检查自动变速器油液高度

(3)放出自动变速器油,然后再加入新的油液,如此反复 2~3 次,直到放出的油液与新加入的油液颜色相同,通过多次的加注与更换,将储存在液力变矩器、变速器中离合器、变速器中制动器内的油液,通过多次循环后排放出来。

(4)预热自动变速器油到正常温度(70～80 ℃)后,调整液面高度至正常油尺位置。

任务十三　液压助力液检查与更换

一、任务目标

(1)掌握液压助力转向系统检查的操作项目。
(2)掌握液压助力转向系统油液更换的操作项目。

二、能力要求

液压助力液的检查与更换。

三、任务内容

1.助力转向液的更换

(1)助力转向液可用自动变速器油(ATF)替代。
(2)助力转向液的更换周期一般为 60 000～80 000 km,以厂家规定的更换周期为准。

2.液压助力转向系统的检查

液压助力转向系统使用的油液,随着时间的增长会逐渐变质,定期更换助力转向液非常有必要,助力转向液也可以用自动变速器油(ATF)来代替。

1)液压助力转向系统

(1)液体助力转向系统为长流式液体助力结构。
(2)转向盘在极限位置时,管路处于截流状态,液压系统压力范围为 6.5～8.0 MPa,因此,转向盘极限状态时间不能过长。
(3)当出现转向助力忽大忽小时,一般为转向液压缸中存留气体,应进行放气操作。

2)液压助力转向系统的常规检查

(1)检查各油管接头、油管是否有渗漏,管路安装是否牢固。
(2)启动发动机怠速运转,保持车辆原地不动,连续转动转向盘至左、右极限位置数次,以便使油液升高到正常工作温度(60～80 ℃)。将发动机熄火,检查液面高度,要求储液罐液面在上下标线之间,如图 5-13-1 所示。

图 5-13-1　助力转向液液面检查

(3)打开储液罐盖,将油液蘸出并涂在手上,检查油液有无乳化、起泡、颜色变深等现象,否则应提前更换助力转向液。

(4)用手从助力转向泵传动带中间位置按压(约 40 N),传动带挠度以 10 mm 为宜,且传动带无裂纹、脱胶、老化等状况。

3)液压助力转向系统放气操作

(1)启动发动机,运行至助力转向液到正常工作温度。

(2)向左、右转动转向盘至极限位置,保持 5 s 左右,反复操作 2~3 次,就能将助力系统渗入的气体放出。

3.助力转向液的更换

(1)将车辆停放在平直的路面上,启动发动机运行,使储液罐内的油液达到正常工作温度。

(2)发动机熄火后,打开储液罐盖,用专用工具将油液全部抽出,然后加入新的油液至正常液面位置,如图 5-13-2 所示。

图 5-13-2　抽出助力转向液

(3)启动发动机运行,向左、右转动转向盘至极限位置,如此反复2~3次,使助力系统油液充分循环,如图5-13-3所示。

图5-13-3 转向盘转至极限

(4)将发动机熄火,用专用工具抽出油液,再加入新的油液,如此反复操作2~3次,直到储液罐内的油液与新油液颜色接近。最后调整液面高度至正常值,助力转向液更换操作完毕。

项目六 汽车底盘保养与维护

任务一 行车制动器、驻车制动器检查

一、任务目标

(1)掌握盘式制动器制动片使用状况检查的操作项目。
(2)掌握盘式制动器制动盘使用状况检查的操作项目。
(3)掌握鼓式制动器制动蹄片使用状况检查的操作项目。
(4)掌握鼓式制动器制动鼓使用状况检查的操作项目。

二、能力要求

(1)能独立完成行车制动器检查。
(2)能独立完成驻车制动器检查。

三、任务内容

1.盘式制动器制动片使用状况检查

盘式制动器结构简单、散热性能好、制动性能稳定。因此,一般中小型汽车前轮使用该类型的制动器。

1)制动器制动片不拆下时的检查

(1)用直尺测量外制动器制动片厚度。

(2)通过制动卡钳上的观察孔目测内侧制动器制动片厚度,要求内外制动片厚度没有明显的偏差,如图6-1-1所示。一般情况下,内外制动片厚度偏差不大于10%~15%,制动片厚度极限为不小于新片厚度的1/3。

图 6-1-1　检查制动器制动片厚度

2）制动器制动片拆下时的检查

（1）拆下制动卡钳下面的导向螺栓，然后将制动卡钳上翻，并用专用工具将制动卡钳挂住，如图 6-1-2 所示。

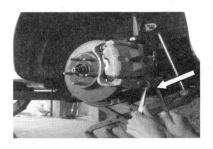

图 6-1-2　拆下导向螺栓

（2）取下制动盘两侧的制动片，并清洁制动盘和制动片上面的灰尘。

（3）观察制动片摩擦材料表面是否有异常磨损，如图 6-1-3 所示。

图 6-1-3　检查制动片表面

（4）用直尺测量制动片厚度，检查是否在允许范围值内，如图 6-1-4 所示。

图 6-1-4　制动片厚度测量

3) 更换新制动片

(1) 当制动片厚度接近更换标准、需更换时,更换的原则为左右两轮同时更换相同材质的新片(长安逸动新前片摩擦材料厚度为 11 mm,新后片摩擦材料厚度为 9 mm)。如图 6-1-5 所示。

图 6-1-5　更换制动片

(2) 在新更换的制动片背板上涂抹制动器专用高温润滑脂,然后安装新的消音垫片和制动片指示板。

(3) 用专用工具或手锤柄将制动分泵活塞推到制动片厚度最大的极限位置。

(4) 将制动盘表面、摩擦衬片表面清理干净,确保表面无润滑脂和制动液等。

(5) 安装制动卡钳,按规定力矩上紧导向螺栓。

(6) 制动片更换时,只能完成一个轮的制动片操作后,再更换另一个轮的制动片,不能同时拆开两个以上的制动器。

4) 盘式制动器制动盘使用状况检查

(1) 用专用工具固定制动盘,将轮胎螺母拧紧到规定的力矩,如图 6-1-6 所示。4 个轮胎螺母结构式制动盘需对称固定 2 个轮胎螺母;5 个轮胎螺母结构式制动盘需对称固定 3 个轮胎螺母。

(2) 用千分尺测量制动盘厚度,测量点选在距轮盘外边缘 10 mm、间隔 120°处的 3 个位置,将最小值记录为轮盘厚度,如图 6-1-7 所示。

图 6-1-6　制动盘固定

图 6-1-7　测量制动盘厚度

(3) 使用百分表及磁力表座,在距轮盘外边缘 10 mm 处固定百分表,保持百分表测量杆与轮盘垂直,转动轮盘一周,技术标准为轮盘摆动量不大于 0.05 mm,如图 6-1-8 所示。

图 6-1-8　轮盘检查

(4) 检查制动分泵处是否存在泄漏,如图 6-1-9 所示。

图 6-1-9　制动分泵检查

(5) 安装制动片时,注意区分内外侧制动片,然后将制动片装入,放下制动卡钳,按规定力矩紧固导向螺栓。

(6) 用气动扳手拆下轮胎螺栓,按标记将轮胎与轮毂对齐,临时安装轮胎。

安装轮胎、紧固轮胎螺母时,一定不能用气动扳手紧固,避免损坏螺母,如图 6-1-10 所示。

图 6-1-10　安装轮胎

2. 鼓式制动器制动蹄片使用状况检查

因长安逸动制动器前后均为盘式制动器,故本例参照其他车型解析。

(1)用粉笔在轮胎和轮毂上划出记号,确保轮胎装配时安装位置正确,然后用气动专用工具按交叉顺序拆下轮胎。

(2)在制动鼓与轮毂法兰之间做上标记,取下制动鼓。若制动鼓与轮毂法兰之间配合较紧,较难取下时,可在制动鼓螺栓孔上拧入两个螺栓,均匀地拧紧将制动鼓顶出,如图 6-1-11 所示。

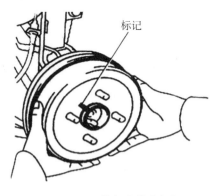

图 6-1-11 轮毂上做上标记

(3)用手沿分泵运动方向拉动两侧制动蹄片,松手后观察制动蹄片在回位弹簧的作用下是否能够自动回位。

(4)检查制动分泵是否存在泄漏。

(5)按顺序拆下制动蹄片,清洁制动蹄片、背板、制动鼓上的灰尘,如图 6-1-12 所示。

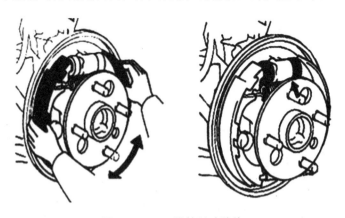

图 6-1-12 维护制动蹄片

(6)检查制动蹄片是否存在异常磨损,标准为制动蹄片表面沟槽深度不大于 1 mm,无制动液或齿轮油等。

(7)用直尺测量制动蹄片摩擦材料厚度,标准为不小于新制动蹄片摩擦材料厚度的 1/3。

更换制动蹄片：

(1)当制动蹄片摩擦材料厚度接近更换标准、需更换时，更换的原则为左右两轮同时更换相同材质的新片。

(2)拆下旧制动蹄片，将制动蹄片和制动鼓间隙调整装置置于最短状态（若间隙调整是通过分泵自动调节的，应将分泵回位），如图 6-1-13 所示。

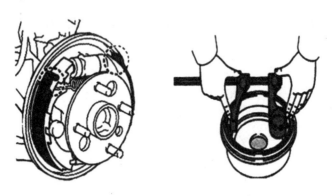

图 6-1-13　制动蹄片更换

(3)在制动背板靠近蹄片处涂上专用高温润滑脂。

(4)连接好驻车制动拉线，将制动蹄片安装在制动背板上。

(5)将制动蹄片表面、制动鼓表面用砂布清理干净。

(6)将制动鼓与轮毂法兰标记对正，安装制动鼓，用专用工具将轮胎螺栓紧固到标准力矩，然后调整制动蹄片与制动鼓之间的间隙。

(7)制动蹄片更换时，只能在完成一个轮的制动蹄片操作后，再更换另一个轮的制动蹄片，不能同时拆开两个或两个以上的制动器。

鼓式制动器制动鼓使用状况检查。

因长安逸动制动器前后均为盘式制动器，故本例参照其他车型解析。

(1)用专用游标卡尺测量制动鼓内径，检查制动鼓内表面的磨损量是否在允许值范围内。

(2)检查制动鼓表面磨损状况，沟槽深度不大于 1 mm，如图 6-1-14 所示。

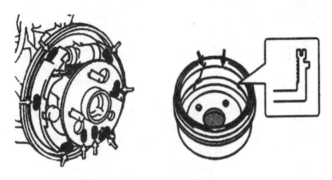

图 6-1-14　制动鼓使用状况检查

项目六 汽车底盘保养与维护

任务二 制动管路检查、制动液更换

一、任务目标

(1)掌握制动管路检查的操作项目。
(2)掌握对制动液的性能要求
(3)掌握单人制动液更换的操作项目。
(4)掌握双人制动液更换的操作项目。

二、能力要求

(1)能独立完成制动管路检查的操作项目。
(2)能完成制动液更换的操作项目。

三、任务内容

1. 制动管路检查

制动系统是汽车上用以使外界(主要是路面)在汽车某些部分(主要是车轮)施加一定的力,从而对其进行一定程度的强制制动的一系列专门装置。其作用是使行驶中的汽车按照驾驶员的要求进行强制减速甚至停车;使已停驶的汽车在各种路况下(包括在坡道上)稳定驻车;使下坡行驶的汽车速度保持稳定。检查制动系统的操作流程如下。

(1)检查制动总缸有无漏油;
(2)检查制动分缸有无漏油;
(3)检查自动卡钳有无损坏;
(4)检查制动软管有无摩擦;
(5)检查制动软管有无变形,如图 6-2-1 所示;
(6)检查制动软管接头处有无漏油。

2. 制动液更换

1)制动液的成分及性能要求

根据汽车制动液的成分,制动液可以分为醇型、醇醚型、酯型、矿油型和硅油型 5 类,其中醇醚型和酯型一般又统称为合成型。醇醚型制动液是目前国内外广泛使用的一类汽车制动液。

图 6-2-1 制动软管检查

醇型制动液因蒸发温度低,易产生气阻,在国外早已被淘汰。醇醚型制动液由基础液、稀释液和添加剂组成。制动液更换周期为40 000 km或2年。

性能要求:

(1)高沸点,最高约达300 ℃;

(2)较高的水溶性;

(3)凝点低,大致要达到－65 ℃;

(4)适宜的黏度和高的稳定性;

(5)良好的金属保护性;

(6)与橡胶的配合性好。

2)车辆由"工位五"提升到"工位六"的安全操作

举升机操作由两人配合完成,主要包括举升机锁止解除、车辆提升、举升机锁止等,如图6-2-2所示。

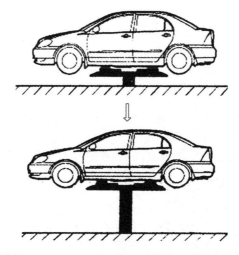

图6-2-2 车辆举升至中间位置

3)单人制动液更换操作

(1)车下制动液更换的顺序为右后轮→左后轮→右前轮→左前轮。

(2)将制动液更换器一端与压缩空气机相接,另一端与制动分泵排放塞相接。

(3)打开制动液更换器开关,使更换器内部产生真空,再拧松放气塞1/4圈,吸出分泵内的旧制动液,当观察到吸出的制动液为新加入液体时,拧紧分泵制动液排气塞。

单人制动液更换操作如图6-2-3所示。

图 6-2-3　单人制动液更换操作

(4)注意事项：

①更换制动液过程中,应及时添加储液罐内的制动液,以免储液罐液面过低。

②所有制动液更换完毕后,将储液罐内制动液面调整到最高刻度线位置,拧上储液罐盖,用布清理溅出的制动液。

③再次检查制动分泵排放塞是否拧紧,清理排放塞周围溅出的制动液,安装排放螺塞帽。

④检查制动踏板(不能完全被踩下),以确保有足够的制动余量。

4)双人制动液更换操作

该项目操作需两人配合完成,两人之间必须动作协调一致。

(1)一人位于驾驶室内踩压制动踏板,另一人位于车下分泵处排放旧制动液。

(2)车下制动液更换的顺序为右后轮→左后轮→右前轮→左前轮。

(3)车下人员将软管接到分泵排放塞上,发信号给车上人员,连续踏压制动踏板数次,并保持踏紧状况,车下人员拧松排放塞1/4圈,放出旧的制动液,然后再拧紧排放塞,如图 6-2-4 所示。

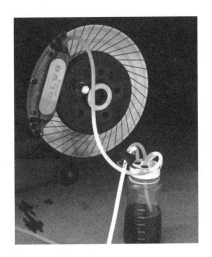

图 6-2-4　放出旧制动液

(4)重复上述动作 4~6 次,直到旧的制动液完全被排出。

(5)其他操作与单人制动液更换相同。

任务三　传动系统检查

一、任务目标

(1)通过本任务的学习,学会检查车辆的传动系统并对其进行必要的检查。
(2)通过本任务的学习,学会对车辆的传动系统保养操作。

二、能力要求

(1)能独立完成检查车辆的传动系统项目。
(2)能完成车辆的传动系统保养操作。

三、任务内容

1. 传动系统简介

汽车传动系统是指从发动机到驱动车轮之间所有动力传递装置的总称。其功能是将发动机的动力传给驱动车轮。不同的汽车,其传动系统的组成稍有不同。如载货汽车及部分轿车,其传动系统一般由离合器、手动变速器、万向传动装置(万向节和传动轴)、驱动桥(主减速器、差速器、半轴、桥壳)等组成。现在轿车中采用自动变速器的越来越多,其传动系统包括自动变速器、万向传动装置、驱动桥等,即用自动变速器取代了离合器和手动变速器;如果是越野汽车(包括四驱型SUV,即运动型多功能车),则还应包括分动器。

传动系统各组成功能如下。
(1)离合器,保证换挡平顺,必要时中断动力传动。
(2)变速器,变速、变矩、变向、中断动力传动。
(3)万向传动装置,实现有夹角和相对位置经常发生变化的两轴之间的动力传动。
(4)主减速器,将动力传给差速器,并实现降速增矩、改变传动方向。
(5)差速器,将动力传给半轴,并允许左右半轴以不同的转速旋转。
(6)半轴,将差速器的动力传给驱动车轮。

2. 汽车传动系统的总体布置

汽车传动系统的总体布置与发动机的位置及汽车的驱动方式有关,一般有发动机前置后轮驱动、发动机前置前轮驱动、发动机后置后轮驱动、发动机前置全轮驱动等。

(1)发动机前置后轮驱动简称前置后驱动,英文简称为FR。如图6-3-1所示,发动机布置在汽车前部,动力经过离合器、变速器、万向传动装置、后驱动桥,最后传到后驱动车轮,使汽车行驶。

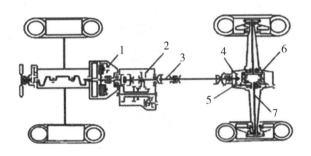

1—离合器;2—变速器;3—传动轴;4—驱动桥;5—主减速器;6—差速器;7—半轴。

图 6-3-1　汽车传动系统的组成

这是一种传统的布置形式,应用广泛,适用于除越野汽车的各类型汽车,如大多数的货车、部分轿车和部分客车都采用这种形式。

(2)发动机前置前轮驱动简称前置前驱动,英文简称 FF。发动机布置在汽车前部,动力经过离合器、变速器、前驱动桥,最后传到前驱动车轮,这种布置形式在变速器与驱动桥之间省去了万向传动装置,使结构简单紧凑,整车质量小,高速时操纵稳定性好。大多数轿车采用这种布置形式,但这种布置形式的爬坡性能差,豪华轿车一般不采用它,而采用传统的发动机前置后轮驱动。

根据发动机布置的方向,可以分为发动机前横置前轮驱动和发动机前纵置前轮驱动,分别如图 6-3-2、图 6-3-3 所示。

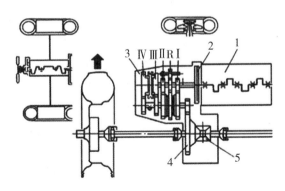

1—发动机;2—离合器;3—变速器;4—主减速器;5—差速器。

图 6-3-2　发动机前横置前轮驱动示意图

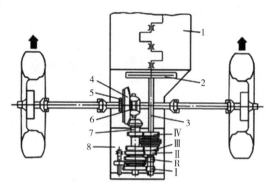

1—发动机;2—离合器;3—变速器输入轴;4—从动齿轮;5—车速表齿轮;6—差速器;7—主动齿轮(输出轴);8—变速器。

图 6-3-3　发动机前纵置前轮驱动示意图

(3)发动机后置后轮驱动简称后置后驱,英文简称 RR。如图 6-3-4 所示,发动机布置在汽车后部,动力经过离合器、变速器、角传动装置、万向传动装置、后驱动桥,最后传到后驱动车轮,使汽车行驶。这种布置形式便于车身内部的布置,减小车内发动机的噪声,一般用于大型客车。

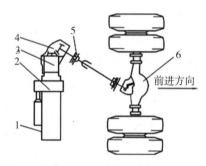

1—发动机;2—离合器;3—变速器;4—角传动装置;5—万向传动装置;6—驱动桥。

图 6-3-4　发动机后置后轮驱动示意图

(4)发动机前置全轮驱动简称全轮驱动,英文简称 XWD。如图 6-3-5 所示,发动机布置在汽车前部,动力经过离合器、变速器、分动器、万向传动装置分别到达前后驱动桥,最后传到前后驱动车轮,使汽车行驶。由于所有的车轮都是驱动车轮,提高了汽车的越野性能,通常是越野汽车采取的布置形式。

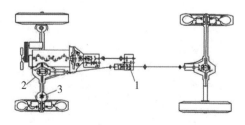

1—分动器;2—前桥;3—万向节。

图 6-3-5　发动机前置全轮驱动示意图

3. 传动系统的功用与发动机配置

汽车发动机所发出的动力靠传动系统传递到驱动车轮。传动系统具有减速、变速、倒车、中断动力、轮间差速和轴间差速等功能,与发动机配合工作,能保证汽车在各种工况条件下正常行驶,并具有良好的动力性和经济性。

1)减速和变速

汽车的使用条件,诸如汽车的实际装载量、道路坡度、路面状况,以及道路宽度和曲率、交通情况所允许的车速等,都在很大范围内不断变化。这就要求汽车牵引力和速度也要有相当大的变化范围。对活塞式内燃机来说,在其整个转速范围内,扭矩的变化范围不大,而功率及燃油消耗率的变化却很大,因而保证发动机功率较大而燃油消耗率较低的曲轴转速范围,即有利转速范围很窄。为了使发动机能保持在有利转速范围内工作,而汽车牵引力和速度又能在足够大的范围内变化,应当使传动系统传动比(所谓传动比就是驱动轮扭矩与发动机扭矩之比或发动机转速与驱动轮转速之比)能在最大值与最小值之间变化,即传动系统应起变速作用。

2)实现汽车倒驶

汽车在某些情况下,需要倒向行驶。然而,内燃机是不能反向旋转的,故与内燃机共同工作的传动系统必须保证在发动机转动方向不变的情况下,能够使驱动轮反向旋转。一般结构措施是在变速器内加设倒挡。

3)中断传动

内燃机只能在无负荷情况下启动,而且启动后的转速必须保持在最低稳定转速上,否则可能熄火。所以,在汽车起步之前,必须将发动机与驱动轮之间的传动路线切断,以便启动发动机。发动机进入正常怠速运转后,再逐渐地恢复传动系统的传动能力,即从零开始逐渐对发动机曲轴加载,同时加大节气门开度,以保证发动机不致熄灭,并使汽车能平稳起步。此外,在变换传动比挡位(换挡)及对汽车进行制动之前,都有必要暂时中断动力传递。为此,在发动机与变速器之间,装设一个依靠摩擦来传动,且其主动和从动部分可在驾驶员操纵下彻底分离,随后再柔和接合的机构——离合器。

在汽车长时间停驻时,以及在发动机不停止运转的情况下,使汽车暂时停驻,传动系统应能较长时间中断传动状态。为此,变速器应设有空挡,即所有各挡齿轮都能自动保持在脱离传动位置的挡位。

4)差速作用

当汽车转弯行驶时,左右车轮在同一时间内滚过的距离不同,如果两侧驱动轮仅用一根刚性轴驱动,则二者角速度必然相同,因而在汽车转弯时必然产生车轮相对于地面滑动的现象。这将使转向困难,汽车的动力消耗增加,传动系统内某些零件和轮胎加速磨损。所以,需要在驱动桥内装置具有差速作用的部件——差速器,使左右两驱动轮可以以不同的角速度旋转。

4. 传动轴防尘套的检查

传动轴防尘套会随着时间的流逝而损坏。因此,该项目是车辆定期检查的项目之一。防尘套内充满了用于润滑连接节的润滑脂。如果防尘套损坏,将会造成润滑脂泄漏,从而使连接节损坏,出现异常噪声和振动。

防尘套有两种材质,橡胶和树脂,但它们的检查方法相同。检查方法如下。

(1)松开手制动器,变速器置于空挡位置,将车辆升起至合适高度。

(2)一个人用手搬动轮胎至极限位置,然后慢慢转动轮胎一圈。另一个人在车下观察传动轴防尘套是否有裂纹、老化和油脂渗漏现象。

(3)检查防尘套卡箍,确保安装到位,且紧固良好,如图6-3-6所示。

图6-3-6　防尘套及卡箍

(4)用同样的方法检查传动轴的其他防尘套。

(5)检查过程中,应用手将折叠处展平,以进行彻底检查。此外,检查时还应用手挤压防尘套,检查有无空气泄漏。

任务四　转向系统检查

一、任务目标

(1)通过本任务的学习,学会检查并调整转向系统中方向盘的技术状况。

(2)通过本任务的学习,学会转向横拉杆的检查方法。

(3)通过本任务的学习,学会转向助力油的更换方法及注意事项。

二、能力要求

(1)能完成转向横拉杆的检查。

(2)能完成转向助力油的更换。

三、任务内容

1. 转向系统知识

1）转向系统的功用

汽车在行驶过程中,根据路况驾驶员需经常改变行驶方向。汽车行驶方向的改变,是通过转向轮（一般是前轮转向,也有后轮或四轮转向）在路面上偏转一定的角度来实现的。用来控制转向轮偏转的一整套机构,称为汽车转向系统。

转向系统的功用是,按照驾驶员的意愿改变汽车的行驶方向和保持汽车稳定的直线行驶。其中,转向器是将转向盘的转动变为转向摇臂的摆动或齿条轴的直线往复运动,并对转向操纵力进行放大的机构。转向器一般固定在汽车车架或车身上,转向操纵力通过转向器后一般还会改变传动方向。

2）转向系统的类型

汽车转向系统按动力源不同,分为机械转向系统（图6-4-1）和动力转向系统（图6-4-2）两大类。

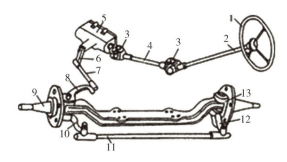

1—转向盘；2—转向轴；3—转向万向节；4—转向传动轴；5—转向器；6—转向摇臂；7—转向直拉杆；
8—转向节臂；9—左转向节；10—左转向梯形臂；11—转向横拉杆；12—右转向梯形臂；13—右转向节。

图6-4-1 机械转向系统示意图

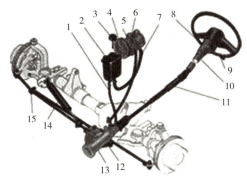

1—动力转向回油总管；2—动力转向液油罐总成；3—动力转向液油罐盖；4—动力转向泵皮带轮；5—动力转向泵；
6—动力转向压力管总成；7—油罐到泵的油管总成；8—转向盘总成；9—综合开关操纵杆总成；10—转向柱总成；
11—动力转向中间轴总成；12—转向摇臂；13—动力转向器总成；14—转向减震器；15—转向拉杆和横拉杆总成。

图6-4-2 动力转向系统示意图

机械转向系统以驾驶员的体力作为转向动力源,所有传力件都是机械的,主要由转向操纵机构(方向盘)、转向器和转向传动机构三大部分组成。动力转向系统除具有以上三大部分外,还有一套转向助力装置。根据辅助转向能源的不同,又可分成液压式、气压式和电动式三种动力转向系统。

2. 方向盘操作检查

1) 初步检查

在进入驾驶室开始向工作地点驾驶车辆之前,进行转向系统的检查。坐在驾驶员座椅上时,应上下、前后、左右摇动方向盘,检查其是否松旷。驾驶车辆时,检查转向系统有无噪音或振动,转向操作有无异常。到达工作地点停车后再检查方向盘间隙是否超出技术要求范围。

2) 方向盘间隙的测量

(1) 确认前轮指向正前方。

(2) 在方向盘的顶端用胶带或细绳做好标记。

(3) 将直尺紧贴方向盘顶端,然后测量在不使前轮移动的情况下,方向盘向左及向右转动的距离。用直尺测量方向盘外缘的移动量一般为15~20 mm。以胶带或细绳作为测量参考点。

3) 注意事项

(1) 向左或向右转动方向盘到转向轮就要开始移动或感觉到有阻力时即停止,测量此时的移动量。

(2) 在方向盘的外围测量。

(3) 左转及右转间隙的测量结果有任何差异,均表明转向机构出现故障。

3. 方向盘松旷的检查

如果初步检查中发现方向盘松旷或方向盘间隙超出技术要求,首先应进行齿条导块调整,其次检查转向系统的安装是否松旷,将松动部位紧固到规定的扭矩,然后再次检查松旷情况(如果初步检查没有发现方向盘松旷,而且间隙在技术规格范围之内,那么无须执行此项调整)。若间隙仍然超标,则按下列项目检查:转向柱装配螺栓及螺母是否松动;方向盘螺栓及螺母是否松动;转向万向节螺栓是否松动;横拉杆球头球笼接头移动是否顺畅,接头有无损坏;转向机装配螺栓是否松动;转向机安装衬垫有无损坏等。

4. 横拉杆球头检查

1) 检查步骤

车辆转向系统的横拉杆球头间隙能够减弱转向反应能力,并使方向盘产生振动。可按下列步骤检查球头间隙。

(1) 将车轮指向正前方。

(2) 将车辆举起。

(3)双手握住车轮,尽力左右摇动车轮。如有移动,表明球头出现间隙。

(4)观察横拉杆末端的橡胶防尘套有无破裂及损坏,润滑脂有无泄漏等。

2)注意事项

(1)如果球头变脏,用抹布擦拭干净以便确切检查防尘套的状况,并且防尘套的四周都要检查到。

(2)泄漏的润滑脂会因污物而变黑。擦拭防尘套,检查抹布上的污物是否是润滑脂。此外还应检查污物中是否有金属颗粒。

(3)两个转向轮用同样的方式检查。

5. 动力转向油的检查与更换

1)检查

动力转向油比制动液的性能更加稳定,使用寿命更长。一般只有当动力转向系统修理时或在出现严重故障(如油液被污染、含有金属颗粒等)时才进行油液的更换。

检查时可将车辆停放在坚实的水平地面上,关闭发动机。打开发动机舱盖,查看动力转向油储油罐内的液位。液位应在上下标线之间。如果液位过低,则表明系统内油液泄漏,此时必须认真检查系统。检查液位的同时,还应检查油液的状态,如果油液被严重污染,则应更换油液。

2)更换

(1)将车辆停放在坚实的水平路面上,启动车辆运行,使储液罐内的液压油达到正常的工作温度。

(2)将发动机熄火,在储油罐周围的车体及其他零部件上铺上维修用布,以防止油液迸溅。

(3)打开加油罐盖,用专用工具将储液罐内的油液全部抽出后,加入新液压油达到正常液面,盖好罐盖。

(4)运行发动机,向左、向右打方向盘到达极限位置,使液压油充分流动,达到正常液压油温度时停止发动机运行。

(5)再次打开液压油罐盖,同样将罐内液压油全部抽出,加入新液压油,盖好罐盖,继续运行发动机并向左、右打方向盘到极限位置。

(6)重复上述过程2～3次,当储液罐内的液压油颜色同新油接近时,调整液面高度至合适位置,操作完毕。

3)注意事项

(1)不同品牌的液压油不可混用。

(2)调整液位时,不可使液面高出标线上限,以免因为车辆行驶时油温升高,油液体积大大增加而从罐内溢出。

(3)加注油液要缓慢进行,以免出现气泡。因为气泡会削弱油液传输动力的有效性,同时还会使液面看上去比实际的高。

(4)系统内有空气必须排净,方法是缓慢转动方向盘向左、向右到达极限位置并停留5 min。

(5)如油液迸溅到其他零部件上应立即擦拭。

(6)加注完成后,牢固可靠地安装储液罐盖。

任务五　前、后悬架检查

一、任务目标

(1)掌握前悬架使用状况检查的操作项目。
(2)掌握后悬架使用状况检查的操作项目。

二、能力要求

(1)能完成前悬架使用状况检查。
(2)能完成后悬架使用状况检查。

三、任务内容

1.前悬架使用状况检查

1)不同车型悬架结构不同,检查的项目和顺序也不同

(1)检查左右两侧减震器是否存在泄漏和损坏,如图6-5-1所示。

图6-5-1　减震器使用状况检查

(2)检查左右两侧螺旋弹簧是否损坏,如图 6-5-2 所示。

图 6-5-2　螺旋弹簧使用状况检查

(3)检查左右两侧转向节是否损坏,如图 6-5-3 所示。

图 6-5-3　转向节使用状况检查

(4)检查转向节下臂是否损坏,如图 6-5-4 所示。

图 6-5-4　转向节下臂使用状况检查

(5)检查稳定杆与左右两端悬架连接状况,稳定杆是否损坏,如图6-5-5所示。

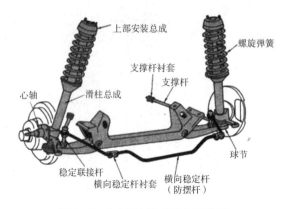

图6-5-5　稳定杆使用状况检查

2)稳定杆的作用

(1)为改善汽车行驶平顺性,通常把悬架刚度设计得比较低,其结果是影响了汽车的行驶稳定性。为此,在悬架系统中采用了横向稳定杆结构,用来提高悬架侧倾角刚度,减少车身倾角。横向稳定杆的功用是防止车身在转弯时发生过大的横向侧倾,尽量使车身保持平衡。其目的是减少汽车横向侧倾程度和改善平顺性。横向稳定杆实际上是一个横置的扭杆弹簧,在功能上可以看成是一种特殊的弹性元件。

(2)当车身只做垂直运动时,两侧悬架变形相同,横向稳定杆不起作用。

(3)当汽车转弯时,车身侧倾,两侧悬架跳动不一致,外侧悬架会压迫稳定杆,稳定杆就会发生扭曲,杆身的弹力会阻止车轮抬起,从而使车身尽量保持平衡,起到横向稳定的作用,减少车辆侧滑趋势。图6-5-6为横向稳定杆。

图6-5-6　横向稳定杆

2.后悬架使用状况检查

(1)检查左右两侧减震器是否存在泄漏和损坏,如图6-5-7所示。

图6-5-7 减震器检查

(2)检查左右两侧螺旋弹簧是否损坏,如图6-5-8所示。

图6-5-8 螺旋弹簧检查

(3)检查拖臂和后桥是否损坏。

(4)常用轿车后悬架类型(见图6-5-9)。

图6-5-9 轿车扭力梁后悬架

▶ 任务六 轮毂轴承、轮胎检查

一、任务目标

(1)掌握车辆由"工位三"下降到"工位四"的安全操作项目。
(2)掌握轮毂轴承检查的操作项目。
(3)掌握轮胎检查的操作项目。

二、能力要求

(1)能完成轮毂轴承检查的操作项目。
(2)能完成轮胎检查的操作项目。

三、任务内容

1. 轮毂轴承检查

(1)转动车轮,检查轮毂轴承转动是否灵活、有无异常噪声,如图6-6-1所示。

图6-6-1 轮毂轴承转动检查

(2)抓住轮胎上下面,用力沿轮毂轴线方向晃动车轮,检查轮毂有无轴向摆动,如图6-6-2所示。

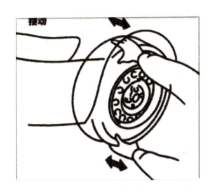

图 6-6-2 轮毂轴向检查

2.轮毂轴向摆动的原因及诊断。

(1)轮毂轴向摆动由轮毂轴承轴向间隙过大、悬架上下球节间隙过大引起。

(2)当出现轮毂轴向摆动量过大时,对制动踏板施加制动力,保持制动片与制动盘接触,此时再检查轮毂轴向摆动量,若摆动量没有变小,则轮毂轴向摆动是由悬架上下球节间隙过大引起的;若摆动量明显变小,则轮毂轴向摆动是由轮毂轴承松旷或损坏引起的,应更换轮毂轴承。

(3)用粉笔在轮胎和轮毂上划出记号,确保轮胎装配时的正确位置,然后用气动专用工具按交叉顺序拆下轮胎。

3.轮胎检查

轮胎检查的主要项目有轮胎表面磨损状况检查、沟槽深度检查、气压检查与调整、充气嘴密封性检查等。

◎ 任务七　车辆底部螺栓与螺母紧固

一、任务目标

(1)掌握前悬架部位螺栓与螺母紧固的操作步骤。
(2)掌握后悬架部位螺栓与螺母紧固的操作步骤。

二、能力要求

(1)能完成前悬架部位螺栓与螺母紧固的操作。
(2)能完成后悬架部位螺栓与螺母紧固的操作。

三、任务内容

1. 底盘螺栓和螺母的检查及紧固

将车辆升至高位，检查并紧固下述底盘连接的螺栓和螺母，如图 6-7-1、图 6-7-2 所示。

图 6-7-1　车辆升至高位

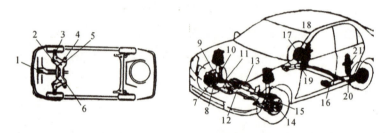

1—中间梁·车身；2—下臂·横梁；3—球节·下臂；4—横梁·车身；5—下臂·横梁；6—中间梁·横梁；7—盘式制动器扭矩板·转向节；8—球节·转向节；9—减震器·转向节；10—稳定杆连接杆·减震器；11—稳定杆·稳定杆连接杆；12—转向节外壳·横梁；13—稳定杆·车身；14—横拉杆端头锁止螺母；15—横拉杆端头·转向节；16—拖臂和桥梁·车身；17—拖臂和桥梁·后轮毂；18—制动分泵·背板；19—稳定杆·拖臂和桥梁；20—减震器·拖臂和桥梁；21—减震器·车身。

图 6-7-2　螺栓和螺母检查

2. 其他部件紧固

1) 发动机机油排放塞紧固。

2) 机油滤清器紧固。

任务八　备用轮胎检查、车轮轮胎换位

一、任务目标

(1) 掌握车轮轮胎换位的操作项目。

项目六 汽车底盘保养与维护

(2)掌握车辆轮胎平衡的操作项目。

二、能力要求

(1)能完成车轮轮胎换位的操作。
(2)能完成车辆轮胎平衡的操作。

三、任务内容

1. 车轮轮胎换位

轮胎按时换位可使轮胎磨损均匀,并可延长轮胎20%的使用寿命。在路面拱度较大的地区或夏季,轮胎磨损差别较大,可适当增加换位次数。

(1)当出现下列任何一种情况时,应进行轮胎换位。

①前轮胎磨损不同于后轮胎磨损;

②左前和右前轮胎磨损不相同;

③左后和右后轮胎磨损不相同。

(2)对于前轮驱动式车辆,应按照图6-8-1所示的方法换位。

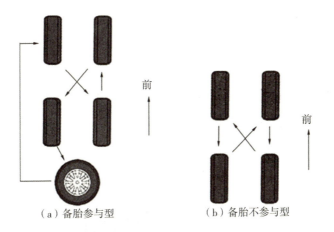

(a)备胎参与型　　　(b)备胎不参与型

图6-8-1　前轮驱动式车辆轮胎换位

(3)对于后轮驱动式车辆,应按照图6-8-2所示的方法换位。

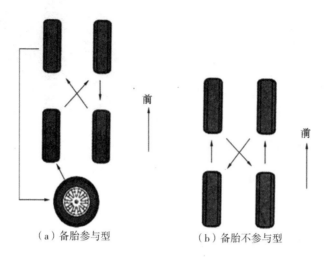

(a) 备胎参与型　　　　(b) 备胎不参与型

图 6-8-2　后轮驱动式车辆轮胎换位

（4）车轮轮胎换位。

①由于施加在前后轮胎的负荷不同，会引起前后轮胎磨损程度不同。

②由于道路状况和车辆定位等因素的影响，使得同轴间两侧车轮轮胎磨损状况不一致。

③当前轮和后轮的尺寸不一致时，可将同轴间左右轮胎对调。

④轮胎的更换至少成对进行，新轮胎放在前轮。

⑤轮胎换位周期一般为 10 000 km，以厂家规定的换位周期为准。

2. 车轮轮胎平衡

轮胎动平衡确保了车轮旋转中心和质量中心的重合，避免了车轮在转动过程中，由两中心不重合引起摆动和异响。只要进行轮胎拆装操作，作业完毕后必须进行轮胎的动平衡检测。

（1）打开轮胎平衡机电源，预热主机并检查轮胎平衡机上的显示屏幕工作是否正常，如图6-8-3所示。

图 6-8-3　轮胎平衡机

（2）车轮轮胎平衡的准备工作：清除轮胎表面的泥土和嵌入轮胎沟槽的异物，拆除原来安装的平衡块，将轮胎充至标准气压。

（3）将车轮固定在轮胎平衡机主轴上（车轮轮胎的离车平衡）。

（4）测量轮毂至平衡机的距离和轮毂宽度，如图6-8-4所示，并按要求输入轮胎平衡机。

图6-8-4　轮毂距离和宽度测量

（5）放下车轮轮胎护罩，按下运行键，进行动平衡测量。

（6）当车轮慢慢停转后，从屏幕上读出车轮内、外侧的动不平衡量，并慢慢转动车轮，找出车轮内、外侧不平衡处的位置。

（7）在相应位置处，按屏幕显示的不平衡数值施加平衡块。

（8）重新做动平衡实验，直到车轮两边动不平衡量小于5 g，轮胎平衡机上显示动平衡合格为止。

（9）关闭电源，打开防护罩，取下车轮，车轮轮胎动平衡操作完毕。

任务九　排气管和安装件检查

一、任务目标

(1) 掌握排气管及消声器使用状况检查的操作项目。
(2) 掌握排气管及消声器安装状况检查的操作项目。

二、能力要求

(1) 能完成排气管及消声器使用状况检查。
(2) 能完成排气管及消声器安装状况检查。

三、任务内容

1. 排气管及消声器使用状况检查

(1) 检查排气管是否存在渗漏或损坏,如图6-9-1所示。

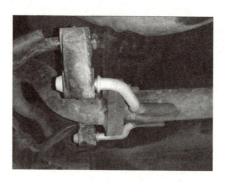

图6-9-1 排气管使用状况检查

(2) 检查前、中、后消声器是否存在渗漏或损坏,如图6-9-2所示。

图6-9-2 消声器使用状况检查

(3) 检查排气管与发动机排气歧管接口处垫片是否存在渗漏,后消声器与排气管接口处垫片是否存在渗漏,如图6-9-3所示。

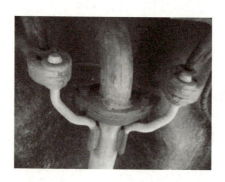

图6-9-3 垫片使用状况检查

(4)排气管渗漏是指排气管、消声器的连接部位,由于废气渗出而出现的炭黑状况。

注意:为防止排气系统过热伤人,在检查排气管和安装件时,要佩戴手套操作,如图6-9-4所示。

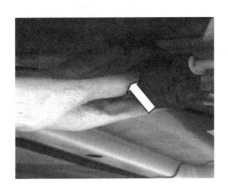

图6-9-4　排气管和安装件检查时佩戴手套

2.排气管安装状况检查

(1)检查排气管及消声器吊挂橡胶圈是否存在损坏或脱离,如图6-9-5所示。

图6-9-5　检查吊挂橡胶圈

(2)紧固排气管与发动机排气歧管间的连接螺栓,如图6-9-6所示。

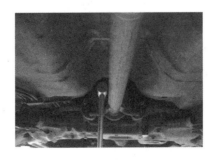

图6-9-6　紧固连接螺栓

(3)检查排气管与后消声器间连接处是否泄漏(有些车型处为焊接工艺,只需检查是否泄漏,不需紧固)。

参考文献

[1] 张宇,黄秋菊. 汽车维护与保养[M]. 北京:机械工业出版社,2018.

[2] 周泓杰,赵连勇. 汽车维护与保养[M]. 重庆:重庆大学出版社,2019.

[3] 王盛良. 汽车使用、维护与保养技术[M]. 北京:机械工业出版社,2017.

[4] 谭本忠. 汽车维护与保养[M]. 济南:山东科学技术出版社,2014.

[5] 吉武俊,胡勇. 汽车维护与保养[M]. 北京:机械工业出版社,2017.